大学生职业生涯规划实践指导（学生版）

覃彩连 主编

汕头大学出版社

图书在版编目（CIP）数据

大学生职业生涯规划实践指导：学生版 / 覃彩连主编. -- 汕头：汕头大学出版社，2023.3
ISBN 978-7-5658-4973-2

Ⅰ. ①大… Ⅱ. ①覃… Ⅲ. ①大学生－职业选择－高等学校－教材 Ⅳ. ① G647.38

中国国家版本馆 CIP 数据核字（2023）第 047847 号

大学生职业生涯规划实践指导：学生版
DAXUESHENG ZHIYE SHENGYA GUIHUA SHIJIAN ZHIDAO : XUESHENGBAN

主　　编：	覃彩连
责任编辑：	宋倩倩
责任技编：	黄东生
封面设计：	优盛文化
出版发行：	汕头大学出版社
	广东省汕头市大学路 243 号汕头大学校园内　邮政编码：515063
电　　话：	0754-82904613
印　　刷：	三河市华晨印务有限公司
开　　本：	787mm×1092mm　1/16
印　　张：	10
字　　数：	180 千字
版　　次：	2023 年 3 月第 1 版
印　　次：	2023 年 3 月第 1 次印刷
定　　价：	68.00 元

ISBN 978-7-5658-4973-2

版权所有，翻版必究

如发现印装质量问题，请与承印厂联系退换

前 言

大学时代可谓人一生中的黄金时代,也是职业生涯规划的重要阶段,科学合理的职业生涯规划是大学生迈向成功的第一步。本书旨在努力落实教育部对高等学校大学生职业规划课程教学的要求,以促进学生发展为中心,遵循"贴近实际、贴近生活、贴近学生"的原则,以职业生涯规划流程为主线,共设置七个专题。

专题一"生涯启示"着重让学生了解职业生涯规划的重要性和意义,知道"为什么要规划";专题二到专题五为自我认知部分,包括"兴趣探索""性格探索""能力探索"和"价值观探索",引导学生从自我的角度出发,关注自己"喜欢干什么、适合干什么、能干什么、最看重什么",在充分认识自我的基础上形成初步的职业意向;专题六"工作世界探索"则从所学专业、行业、企业、组织、职业等角度进行分析,帮助学生全方位了解真实外部环境的现状,为其职业定向提供充足的信息;专题七"生涯决策"是帮助学生在自我认知和外部探索后,知道如何科学决策,以确定职业生涯发展方向;专题八"生涯实践"旨在帮助学生明确职业生涯目标,制订行动计划,并学会生涯管理的方法。总体上,本书的特色体现在以下三个方面:

一是以生涯问题为导向,增强学生实践体验。以学生为中心,通过设置探究活动,以任务驱动的方式,循序渐进地引导学生在实践训练中全方位认识自我和外部世界，以进行科学职业决策和规划，为未来职业发展做充分准备。

二是以生涯理论为基础，提升学习的有效性。阅读资料部分，向学生提供了探究活动需要参考借鉴的材料，也对生涯教育核心理论进行了梳理，采用通俗易懂的表述，结合图表方式呈现，让学生在短时间内更好地掌握相关理论知识。

三是将思政教育贯穿始终，引导学生树立正确的职业发展观。注重将生涯教育与思政教育紧密结合，在书中通过呈现典型生涯人物和事件，引导学生正确地认识时代责任和历史使命，自觉地把个人职业生涯、职业理想融入国家和社会的发展进程。

本书主要是面向学生的实践指导用书，每个专题都设计了一些栏目。"探究项目"主要是实操性活动，"阅读资料"和"典例延展"作为相关专题的拓展资源，"复盘总结"是在完成相关内容的学习后，再次进行梳理。本书可作为高校大学生职业生涯规划课程教学的教材及辅助资料，也可作为学生个人独立自学材料。此外，书中列出了较多探究项目，学习过程中可以选择性地使用。

本书由全国高校毕业生就业能力培训基地（广西师范大学）、广西师范大学环境与资源学院课程思政教学研究中心、自治区级新工科研究与实践项目、教育部高校辅导员培训和研修基地（广西师范大学）资助出版，其编写过程得到了诸多同行的支持与帮助。借此机会向所有参与本书出版的合作机构和教师表示诚挚的谢意。

由于编者水平有限，书中难免有不足之处，敬请广大读者批评、指正。

编者

2022 年 9 月

目 录 CATALOGUE

01 专题一 生涯启示
——为什么要规划？

【探究项目1】
我的自画像……………………………………003

【探究项目2】
我的生命线……………………………………004

【阅读资料】
认知信息加工理论……………………………006

【典例延展】
无声世界的"响亮"青春………………………008

13 专题二 兴趣探索
——我喜欢干什么？

【探究项目1】
兴趣岛探索……………………………………015

【探究项目2】
我的兴趣类型…………………………………017

【探究项目3】
专业与职业的匹配……………………………019

【阅读资料1】
霍兰德职业兴趣理论…………………………020

【阅读资料2】
霍兰德职业索引………………………………024

【典例延展】
钟爱于你所做的事……………………………030

35

专题三 性格探索
—— 我适合干什么？

【探究项目1】
我的 MBTI 性格解码…………………037

【探究项目2】
菲尔人格测试…………………………046

【阅读资料】
MBTI 职业性格类型和适合职业………049

【典例延展】
邓亚萍升职记…………………………054

61

专题四 能力探索
—— 我能干什么？

【探究项目1】
我的职场偶像…………………………063

【探究项目2】
岗位与能力匹配………………………064

【探究项目3】
一般能力倾向测试（GATB）…………065

【阅读资料1】
多元智能理论…………………………070

【阅读资料2】
职场必备的自我管理能力……………072

【典例延展】
夜空中最亮的星………………………074

79

专题五 价值观探索
—— 我最看重什么？

【探究项目1】
我的生涯涂鸦…………………………081

【探究项目2】
价值观大拍卖…………………………082

II

目 录

【阅读资料 1】
职业价值观分类 …………………………… 084

【阅读资料 2】
真实价值观澄清 …………………………… 086

【典例延展】
用生命托起大山的希望 …………………… 087

91

专题六　工作世界探索
—— 真实外部环境怎样？

【探究项目 1】
了解专业学科 ……………………………… 093

【探究项目 2】
探索行业企业 ……………………………… 094

【探究项目 3】
单位信息清单 ……………………………… 097

【探究项目 4】
职业生涯人物访谈 ………………………… 099

【阅读资料 1】
"双一流"建设高校及学科名单（2022 年）… 100

【阅读资料 2】
2020 届本科毕业生就业情况 …………… 107

【典例延展】
我国第一代航天员：杨利伟 ……………… 109

117

专题七　生涯决策
—— 我要如何选择？

【探究项目 1】
决策风格探索 ……………………………… 119

【探究项目 2】
决策平衡轮 ………………………………… 121

【探究项目 3】
SWOT 职业生涯决策 …………………… 122

III

【阅读资料】
　　生涯决策 CASVE 循环 …………………………124
【典例延展】
　　苏格拉底的麦田 …………………………………126

127 专题八　生涯实践
——我要怎么行动？

【探究项目 1】
　　我的简历我做主 …………………………………129
【探究项目 2】
　　我的职业生涯规划书 ……………………………130
【探究项目 3】
　　我的行动日历 ……………………………………134
【阅读资料 1】
　　目标设定的 SMART 原则 ………………………137
【阅读资料 2】
　　时间管理的十一条金律 …………………………139
【典例延展】
　　前进路上不怕任何艰难险阻 ……………………141

附　录
　　_____的生涯管理档案………………………145

专题一　生涯启示

——为什么要规划？

01

专题一　生涯启示——为什么要规划？

【探究项目1】

我的自画像

姓名：_____

性别：_____

生日：_____

籍贯：_____

血型：_____

星座：_____

🎤 开启了期待已久的大学生活，你将如何向新同学介绍自己？为什么这样介绍？

我最喜欢……	我最擅长的是……	我最重视的是……	我最喜欢的颜色是……
我最喜欢的形状是……	我最喜欢的材质是……	我小时候的志愿是……	我对未来的期待是……
我最向往的生活是……	如果我有一笔一千万的意外之财……	如果我已经80岁了，人家会说我……	如果明天是世界末日，我最想完成的心愿是……

资料来源：吴芝仪.我的生涯手册[M].北京：经济日报出版社，2008：21.

【探究项目2】

我的生命线

（1）请在下面空白框处，从左往右画一条带箭头的直线。

（2）这条直线的长度代表了你生命的长度，在直线起点处写上0代表出生，箭头端末写上你期待可以活到的年龄，如100岁。

（3）在这条生命线中找到你现在的年龄点，用"▲"标记出来，并写下现在的年龄。

_____（姓名）的生命线

（4）请你闭上眼睛，在脑海中细细搜索，在过往的岁月中，找出三件对你有积极影响（有价值/成功）的事，三件对你有消极影响（遗憾/后悔）的事。

对你有积极影响的事件：将大致发生的时间标注在生命线上方。

对你有消极影响的事件：将大致发生的时间标注在生命线下方。

（5）在"▲"后的生命线上写出你未来最希望实现的三个愿望或目标，并在相应位置上标明年龄。

（6）请你与同学交流：

①你将自己生命的终点预设到什么年龄？

②过去重要的事情，对你有什么影响？

③算一算，预设的未来生命时光还有多少？减去退休的时间还有多少？有什么感想？

④怎样才能实现自己未来的三个愿望或目标？

目标	预期达成时间	现有资源	稀缺资源	具体行动

【阅读资料】

认知信息加工理论

1991年，盖瑞·彼得森、詹姆斯·桑普森和罗伯·特里尔登合著了一本书——《职业生涯发展和服务：一种认知的方法》，在书中，他们提出了一种新的思考职业生涯发展的方法，即认知信息加工理论，简称CIP。这一认知信息加工方法基于以下假设：

（1）生涯选择以认知与情感的交互作用为基础。

（2）进行生涯选择是一种问题解决活动。

（3）生涯问题解决者的能力取决于其知识水平和认知操作。

（4）生涯问题解决是一项记忆负担繁重的任务。

（5）生涯决策要求有动机。

（6）生涯发展包括知识结构的持续发展和变化。

（7）生涯认同取决于自我知识。

（8）生涯成熟取决于解决生涯问题的能力。

（9）生涯咨询的最后目标是促进来访者信息加工技能的发展。

（10）生涯咨询的最终目的是提高来访者作为生涯问题解决者和决策制定者的能力。

CIP理论在处理信息时有一个重要的工具叫作信息加工金字塔模型。金字塔外部结构一共分为三层，由下到上分别为知识领域、决策领域、执行领域。金字塔内部共有四个区域：自我知识和职业知识、CASVE循环、元认知。

专题一 生涯启示——为什么要规划？

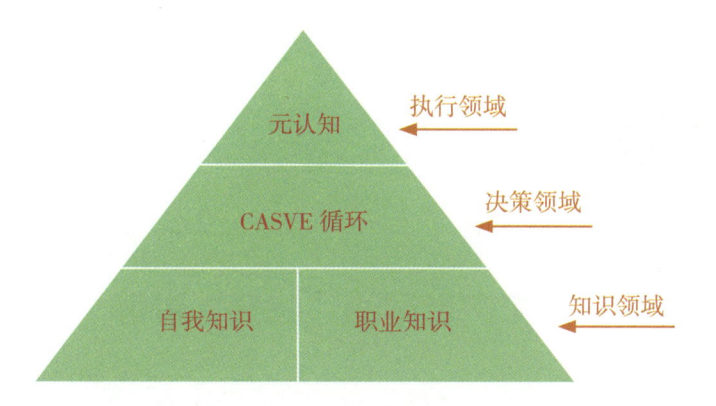

```
        元认知          ← 执行领域
      CASVE 循环         ← 决策领域
   自我知识 | 职业知识    ← 知识领域
```

第一层知识领域就是获取信息：自我知识主要是通过自我测评和自我分析得出，职业知识是通过探索职业世界获得的。自我知识包括自己的价值观、兴趣和技能，职业知识包括特定的职业及其组织方式。

第二层决策领域是把信息按照一个过程进行加工处理，称为 CASVE 循环。信息内容完成 CASVE 循环之后，就会变成资源。CASVE 共包含 5 个环节，各环节的英文单词首字母构成了 CASVE，包含进行良好决策的沟通（Communication）、分析（Analysis）、综合（Synthesis）、评估（Valuing）和执行（Execution）。

最高层是称为元认知的执行领域，它一直贯穿于所有的信息加工过程。元认知的定义是对认知过程的认知，起到反思调整的作用。元认知主要涉及自我言语，也就是内在对话，澄清自己对信息的认知是否清楚和正确；自我觉察，管理自己的情绪和行为；控制和监督，时刻监督自己在 CASVE 的每一个环节都进行元认知监测，确保自己遵循了元认知的规则要求。

认知信息加工理论强调从信息加工取向看生涯问题解决，认为生涯发展就是看一个人如何做出生涯决策，以及在生涯问题解决和生涯决策过程中如何使用信息。决策的前提是知识和信息丰富。正所谓知己知彼，决策前必须获得对自己、对对象的了解，才能支持决策的做出。有了充分的信息并不代表一定能够做出有效的决策，还要有决策原则、决策流程的支撑，才能更好地决策。决策做出后，要实现自己的目标，必须依靠元认知的力量，通过自我觉察、对话、监督的方式，达到计划、监控、调节的目的，以帮助成果的取得。

【典例延展】

无声世界的"响亮"青春

（王梓蓉　苏荣）

2022年3月，90后女孩江梦南和杨振宁等杰出人物一同获评"感动中国2021年度人物"。从一名听障女孩成长为清华大学医学院博士生，她的励志人生，感动众人。

采访江梦南还是有些不同，记者的声音通过软件同步成文字，电话那端立马传来她的声音，清脆、明快，沟通酣畅淋漓，完全想象不出江梦南是一名听障人士。她说她一边接受采访，一边还在忙着手里的课题，时间永远不够用，一如她一直追梦奔跑。

救死扶伤是梦想

江梦南，清华大学医学院在读博士研究生，再有一段时间，清华大学医学院博士生江梦南就要毕业了，她每天"脚后跟打着后脑勺"地赶进度、写论文。

"我现在在做的是通过深度学习的方法对T淋巴细胞受体和抗原之间的互相识别进行建模预测，该研究将有助于进一步探索复杂的免疫系统，对疫苗研发、肿瘤免疫治疗具有一定的意义。"

救死扶伤，探索生命健康领域的难题，似乎是江梦南一直的梦想和志向。当年，当医生的姥姥发现外孙女喜欢模仿医生看病，动作有模有样，便说："你将来一定会成为真正的好医生！"江梦南一直记着姥姥的话，直到上大学选专业时，意识到医生出诊要戴口罩，那时还仅能靠唇语沟通的她，只好选择了药学专业，又因为听不见声音，不方便操作一些化学实验，研究生时选择主攻计算机辅助药物设计专业。

2018年5月，江梦南被清华大学医学院生物信息专业录取为博士研究生，专业跨度有点大，计算机编程、数学统计等知识大都是从读博才开始系统学习的。记得刚开始课题组开会的时候，大家七嘴八舌头脑风暴，她坐在一旁插不上话，"说"的跟不上，连她最擅长的看唇语"听"的本领也失灵了。新专业、新词汇，江梦南的大脑系统中没有足以支撑她快速读懂大家唇语的"内存"，她感到有些蒙，甚至感觉比小时候学说话还难。

半岁时药物导致失聪的她，儿时靠看着父母的口形、舌头的位置，摸着父母的喉咙，感知声带的振动去学说话，每一个发音她都要练习上万遍，最终形成肌肉记忆才算过关。

她的人生本就是这样一路"升级打怪"，这点困难岂能难倒她？"没什么秘诀，就是比别人花更多的精力和时间。"她向老师和同学要来必学内容的清单，一点点地啃下来。很快，她不仅解锁了写代码、编程等新技能，在小组讨论时也能"赶上趟"了。敲击代码、搭建模型，她的自信回来了。

坚持才有希望

"坚持"两个字是父母赐予江梦南的生命密码。她一直相信："不是因为有了希望才去坚持，而是因为坚持才有希望。"

"感动中国2021年度人物"颁奖现场，江梦南一字不差地读出了主持人敬一丹的唇语："我非常佩服你的爸爸妈妈。"她感慨万千地说："我学会说话是一个奇迹，父母的坚持、不放弃教我学会了读唇语，这是个非常宝贵的能力。"

江梦南出生在湖南莽山瑶族乡永安村，父母都是莽山民族学校的老师，他们给她起了一个非常诗意的名字，寄语"梦里江南，岁月静好"。然而，命运却背道而驰。不到6个月时她突然持续高烧20多天，服用各种退烧药导致她听力丧失。医生下了判决书：由于是"语前失聪"，学会说话几乎不可能。父母如坠深渊，但他们不甘心就这样把女儿留在无声的世界。

喝了无数苦药汤、扎了无数祖传针……在大半个中国的各大医院间奔波成了江梦南的童年"游记"，也成了父母的失望之旅，但他们从没想过放弃。明知没有希望却还是坚持给女儿买了助听器，渴望女儿听到哪怕一点点声音。

日子在"无望"的训练中慢慢过去，一天，小梦南在玩球，忽然球滚走了。"啊啊。"安静的房间里，父母瞬间怔住，这一声含糊不清的声音让他们如同抓到从深渊向上爬的绳索，他们教会孩子正常说话的信念更加坚定了。

为了给女儿更专业的训练，妈妈专门到长沙学习言语康复，拿到了当地第一个言语康复师证。她天天怀抱女儿坐在镜子前练习，从简单的音节开始，要说清楚一个字通常得练上万遍。一年又一年，奇迹终于发生了，镜子在失去光泽，江梦南的言语能力却赶上了同龄人！

当江梦南坐在高考的考场上，看到作文题目《早》时，不禁想起了小时候天不亮父母就大包小包地带她赶路看病的日日夜夜，她含着热泪写下了父母的艰辛。

想和你们一样"普通"

"你觉得，你和我们一样，我们觉得，是的，但你又那么不同寻常。先飞的鸟，一定想飞得更远。迟开的你，也鲜花般怒放。"这是江梦南获得"感动中国2021年度人物"的颁奖词，很多观众为她的事迹潸然泪下。

成长、求学、生活，每一步都是从"困难模式"中走来，江梦南太不普通了，然而她的所有努力只是为了和普通的孩子站在同一起跑线上。

她记得上幼儿园时第一次意识到自己和别人不同，便向父母抱怨："为什么我听不见，为什么是我？"父母耐心地告诉她，与其怨天尤人，不如更加努力去克服困难。从此，江梦南追求"要跟大家一样"。

上小学时，她作为旁听生被普通学校接收。没想到这个不被看好的旁听生入学第一年就考了全年级第一。学校有给优等生颁奖的惯例，江梦南抑制不住喜悦，早早就选好了一身漂亮衣服，激动地等待走上领奖台。然而，直到颁奖典礼结束也没听到自己的名字，原来在江梦南之前，学校没有接收旁听生的先例，一时疏忽没有给她也准备一份奖状。憋着委屈和失望回家，她放声大哭，并立下誓言，要继续考"第一"，一定要登上领奖台。

之后的江梦南果然每年都凭借优异的成绩登上了领奖台，四年级的时候学校将她转为正式学生。在父母的帮助下，她自学了五年级的课程成功跳级，令无数人刮目相看。

不想被当作弱者，江梦南小学毕业后到离家300千米的郴州读重点中学，学着一切靠自己。有一天，不放心的妈妈躲在校园角落，远远观察她的一举一动。江梦南似乎感知到了什么，猛一转头，发现了绿化带后的妈妈，她跑过去扑进妈妈的怀里。然而她清楚地知道，只有离开父母离开家才能真正长大……2011年，她如愿考上吉林大学，学校离家3000千米，更远了。这一次，她执意独自远行，越来越自信的她已然让身边的人忘记了她是一名听障人士。

2018年，江梦南在吉林大学即将硕士毕业时植入了人工耳蜗，失去26年的听力回来了。一切都那么喧嚣而新鲜，树上布谷鸟的叫声让她觉得新奇。而对父母来说，终于能和女儿通上电话了。

"对于需要帮助的人，不用刻意去问他们需要什么，就把他们当成普通人，这会让他们没那么大的心理压力。"如今的江梦南是清华大学学生无障碍发展研究协会第五任会长，组织协会活动、无障碍论坛，举办无障碍理念体验活动……江梦南身体力行地向公众普及无障碍理念，在她看来，在看不见的地方"铲平"障碍，这才是比较体面的帮助方式。

"你已经走这么远了，为什么不试试人生还有多大的可能性？"2018年夏天，植入耳蜗前，医生的话她铭记在心。

毕业后去哪里工作、做什么工作……江梦南现在还不确定，但可以确定的是无论做什么，都要为残障人士服务：我愿做些事情，让和我有类似经历的人不再那么辛苦和艰难，让他们的人生充满希望。

"今后无论在哪里，我都要把父母接到身边，未来还要带父母去西藏、去青海湖，去看看远方美丽的风景……"

所有非凡都有着非同寻常的付出，所有梦想都因为有超越梦想的执着才得以成真。江梦南，敢于追梦，以超常奋斗成就传奇。我们相信，她的未来会更精彩。

资料来源：中国妇女（http://www.womenofchina.com/renwu/2022/0506/6578.html，2022-05-06）。

专题二　兴趣探索

——我喜欢干什么？

02

【探究项目1】

兴趣岛探索

假如你有一次免费度假的机会，请不要考虑任何因素，仅凭自己的兴趣挑出你最想前往的岛屿。

"R"岛

自然原始的岛屿，岛上保留有热带的原始森林，自然生态保护甚佳，也有相当规模的动物园、植物园、水族馆。岛上居民以手工见长，自己种植花果蔬菜、修缮房舍、打造器物、制作工具。

"I"岛

深思冥想的岛屿，岛上人迹较少，建筑物多僻处一隅，平畴绿野，适合夜观星象。岛上有多处天文馆、科博馆以及科学图书馆等。岛上居民喜好沉思、追求真知，喜欢和来自各地的哲学家、科学家、心理学家等交换心得。

"A"岛

美丽浪漫的岛屿，岛上有美术馆、音乐馆，弥漫着浓厚的艺术文化气息。同时，当地的原住民保留了传统的舞蹈、音乐、绘画，许多文艺界的朋友都喜欢来这里寻找灵感。

"S"岛

温暖友善的岛屿，岛上居民个性温和、十分友善、乐于助人，社区均自成一个密切互动的服务网络，人们多互相合作，重视教育，弦歌不辍，充满人文气息。

"E"岛

显赫富庶的岛屿，岛上的居民热情豪爽，善于企业经营和贸易。岛上经济高度发展，处处是高级饭店、俱乐部、高尔夫球场。来往的多是企业家、经理人、政治家、律师等。

"C"岛

秩序井然的岛屿，岛上建筑十分现代化，是进步的都市形态，以完善的户政管理、地政管理、金融管理见长。岛上居民个性冷静保守，处事有条不紊，善于组织规划。

请你凭直觉，选出你想前往的岛屿。

（1）你最想去的岛屿是_____岛。
（2）在剩下的5个岛屿中，你最想去的是_____岛。
（3）在剩下的4个岛屿中，你最想去的是_____岛。

假如你是你最想前往的岛屿的岛主，你会如何设计一日游学计划？（用图画表示）

根据职业兴趣倾向代码，参考职业索引（见阅读资料），写出自身适合从事的职业。

你目前所学专业与个人兴趣匹配的职业有哪些？

【探究项目2】

我的兴趣类型

下面列出了一些有关生涯兴趣类型的叙述，想想看，它们和你对自己的看法是否符合？请将所有符合你的叙述圈选出来。

R1 与动物有关的工作	R2 善用双手
R3 与机器有关的工作	R4 用机械的处理方式
R5 建造或修理东西	R6 良好的身体协调能力
R7 以行动解决问题	R8 准备在任何条件下工作
I1 好奇	I2 要求理性
I3 思考清晰	I4 注意力集中
I5 以思考解决问题	I6 喜欢数学和科学
I7 独立	I8 不依惯例
A1 良好的观察能力	A2 敏感
A3 良好的自我表达能力	A4 有天赋
A5 喜欢处理事情的新方法	A6 喜欢美术/音乐/戏剧/写作
A7 有想象力与创造力	A8 喜欢变化
E1 喜欢说服和影响别人	E2 有抱负
E3 外向	E4 组织能力好
E5 喜欢有计划地工作	E6 有天赋
E7 热诚	E8 精力充沛
S1 喜欢与人有关的工作	S2 支援他人
S3 热心	S4 靠情感解决问题
S5 责任感	S6 不怕情绪的问题
S7 理解力	S8 喜欢成为团队的一分子
C1 喜欢与电脑有关的工作	C2 喜欢例行公事
C3 遵循程序来解决问题	C4 可信赖
C5 生意眼光	C6 准确
C7 注意细节	C8 喜欢清楚的方向

资料来源：吴芝仪.我的生涯手册[M].北京：经济日报出版社，2008：52.

根据圈选结果完成以下内容：

（1）将每一类型的圈选数目记在下面的图中。

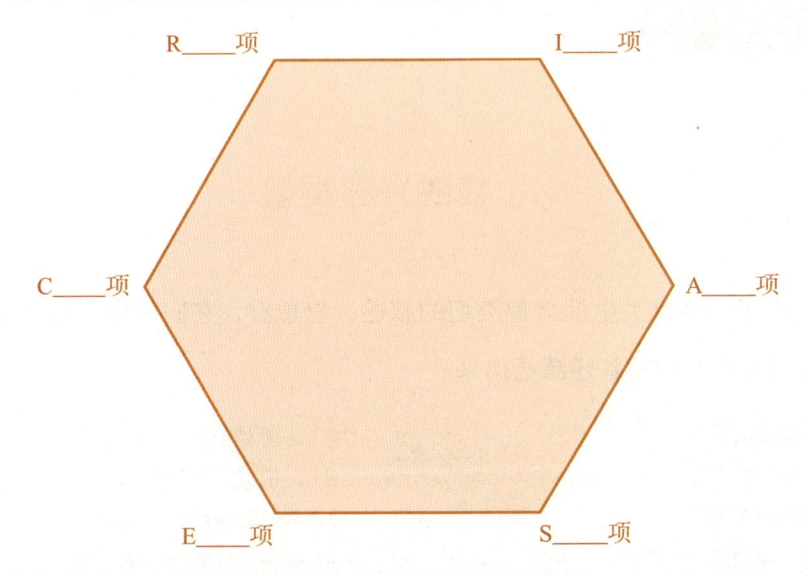

R____项　　　　　　　　I____项

C____项　　　　　　　　A____项

E____项　　　　　　　　S____项

（2）将数目最多的三种类型的字母用线连起来。

（3）根据职业兴趣倾向代码，参考职业索引（见阅读资料2），写出自身适合从事的职业。

_____
_____
_____
_____

（4）你目前所学专业能够从事的与个人兴趣匹配的职业有哪些？

_____
_____
_____
_____
_____

专题二　兴趣探索——我喜欢干什么？

【探究项目3】

专业与职业的匹配

根据上述活动探究结果，结合霍兰德职业兴趣理论，以小组为单位，通过访谈、查找资料等方式，探索本专业可从事的职业，按照职业兴趣类型，将其分别填入六边形模型。

专业名称：_____　　组　　长：_____

小组成员：_____

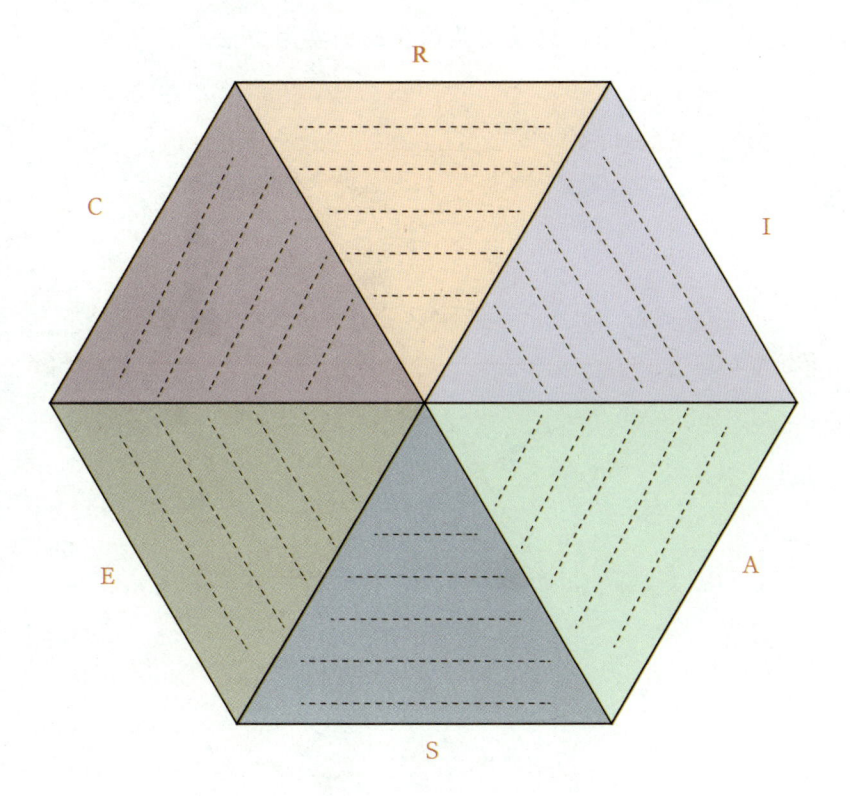

【阅读资料1】

霍兰德职业兴趣理论

约翰·霍兰德（John Holland）是美国约翰斯·霍普金斯大学心理学教授，著名的职业指导专家。他认为人的人格类型、兴趣与职业密切相关，兴趣是人们活动的巨大动力，凡是具有职业兴趣的职业都可以提高人们的积极性，促使人们积极、愉快地从事该职业，且职业兴趣与人格之间存在很高的相关性。霍兰德认为，人格可分为实际型（Realistic）、研究型（Investigative）、艺术型（Artistic）、社会型（Social）、企业型（Enterprise）和传统型（Conventional）六种类型。

霍兰德通过一个六边形将六种人格类型按照固定的顺序进行排列，用以解释其理论假设、类型之间的关系，以及霍兰德代码的实用方法。

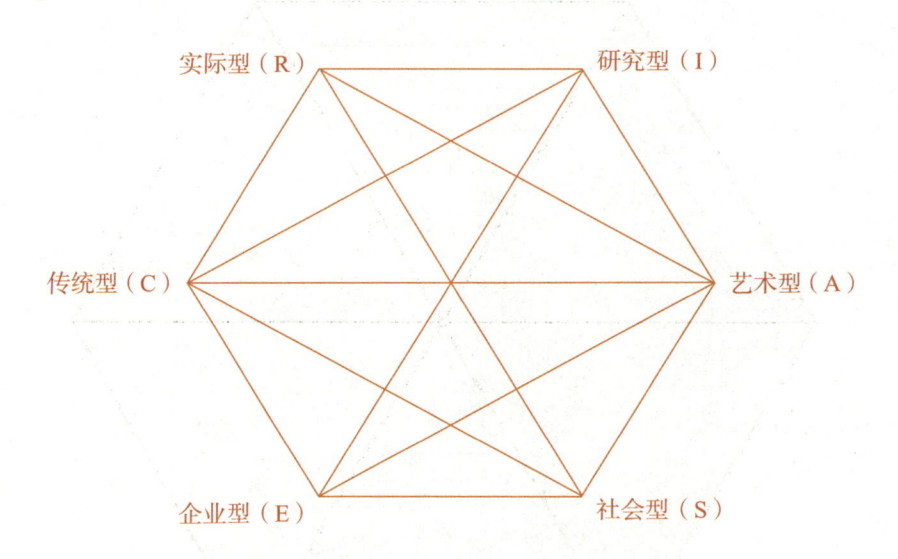

☞ 六种类型的主要内容

※ 实际型

共同特点：愿意使用工具从事操作性工作，动手能力强，做事手脚灵活，动作协调。偏好于具体任务，不善言辞，做事保守，较为谦虚。缺乏社交能力，通常喜欢独立做事。

典型职业：喜欢使用工具、机器等需要基本操作技能的工作。对要求具备机械方面才能、体力或从事与物件、机器、工具、运动器材、植物、动物相关的职业有兴趣，并具备相应能力，如技术型职业（计算机硬件人员、制图员、机械装配工）、技能型职业（木匠、厨师、技工、修理工、农民、一般劳动）。

※ 研究型

共同特点：思想家而非实干家，抽象思维能力强，求知欲强，肯动脑，善思考，不愿动手。喜欢独立的和富有创造性的工作。知识渊博，有学识才能，不善于领导他人。考虑问题理性，做事喜欢精确，喜欢逻辑分析和推理，不断探讨未知的领域。

典型职业：喜欢智力的、抽象的、分析的、独立的定向任务，要求具备智力或分析才能，并将其用于观察、估测、衡量、形成理论、最终解决问题的工作，并具备相应的能力，如科学研究人员、教师、工程师、电脑编程人员、医生、系统分析员。

※ 艺术型

共同特点：有创造力，乐于创造新颖、与众不同的成果，渴望表现自己的个性，实现自身的价值。做事理想化，追求完美，不重实际。具有一定的艺术才能和个性。善于表达，怀旧，心态较为复杂。

典型职业：喜欢的工作要求具备艺术修养、创造力、表达能力和直觉，并将其用于语言、行为、声音、颜色和形式的审美、思索和感受，具备相应的能力。不善于事务性工作，如艺术方面（演员、导演、艺术设计师、雕刻家、建筑师、摄影师、广告制作人）、音乐方面（歌唱家、作曲家、乐队指挥）、文学方面（小说家、诗人、剧作家）。

※ 社会型

共同特点：喜欢与人交往、不断结交新的朋友，善言谈，愿意教导别人。关心社会问题，渴望发挥自己的社会作用。寻求广泛的人际关系，比较看重社会义务和社会道德。

典型职业：喜欢要求与人打交道的工作，能够不断结交新的朋友，从事提供信息、启迪、帮助、培训、开发或治疗等事务，并具备相应能力，如教育工作者（教师、教育行政人员）、社会工作者（咨询人员、公关人员）。

※ 企业型

共同特点：追求权力、权威和物质财富，具有领导才能。喜欢竞争，敢冒风险，有野心，有抱负。为人务实，习惯以利益得失、权利、地位、金钱等来衡量做事的价值，做事有较强的目的性。

典型职业：喜欢要求具备经营、管理、劝服、监督和领导才能，以实现机构、政治、社会及经济目标的工作，并具备相应的能力，如项目经理、销售人员、营销管理人员、政府官员、企业领导、法官、律师。

※ 传统型

共同特点：尊重权威和规章制度，喜欢按计划办事，细心、有条理，习惯接受他人的指挥和领导，自己不谋求领导职务。喜欢关注实际和细节情况，通常较为谨慎和保守，缺乏创造性，不喜欢冒险和竞争，富有自我牺牲精神。

典型职业：喜欢要求注意细节、精确度，有系统有条理，具有记录、归档、根据特定要求或程序组织数据和文字信息的职业，并具备相应能力，如秘书、办公室人员、记事员、会计、行政助理、图书馆管理员、出纳员、打字员、投资分析员。

六种类型的内在关系

霍兰德所划分的六大类型并非并列的、有着明晰的边界。他以六边形表示六大类型的关系。

第一种关系是相邻关系：如RI、IR、IA、AI、AS、SA、SE、ES、EC、CE、RC及CR。属于这种关系的两种类型的个体之间共同点较多，现实型、研究型的人就都不太偏好人际交往，在这两种职业环境中也都较少有机会与人接触。

第二种关系是相隔关系：如RA、RE、IC、IS、AR、AE、SI、SC、EA、ER、CI及CS，属于这种关系的两种类型个体之间共同点较相邻关系少。

第三种关系是相对关系：在六边形上处于对角位置的类型之间即为相对关系，如RS、IE、AC、SR、EI及CA。相对关系的人格类型共同点少，因此，一个人同时对处于相对关系的两种职业环境都兴趣很浓的情况较为少见。

【阅读资料2】

霍兰德职业索引

👉 人格类型与职业环境的适配

实际型（R）：木匠、农民、操作X光的技师、工程师、飞机机械师、鱼类和野生动物专家、自动化技师、机械工（车工、钳工等）、电工、无线电报员、火车司机、长途公共汽车司机、机械制图员、修理机器和电器师。

研究型（I）：气象学者、生物学者、天文学家、药剂师、动物学者、化学家、科学报刊编辑、地质学者、植物学者、物理学者、数学家、实验员、科研人员、科技工作者。

艺术型（A）：室内装饰专家、图书管理专家、摄影师、音乐教师、作家、演员、记者、诗人、作曲家、编剧、雕刻家、漫画家。

社会型（S）：社会学者、导游、福利机构工作者、咨询人员、社会工作者、社会科学教师、学校领导、精神病工作者、公共保健护士。

企业型（E）：推销员、进货员、商品批发员、旅馆经理、饭店经理、广告宣传员、调度员、律师、政治家、零售商。

传统型（C）：记账员、会计、银行出纳、法庭速记员、成本估算员、税务员、核算员、打字员、办公室职业、统计员、计算机操作员、秘书。

👉 测试结果与职业匹配对照表

找出你得分最高的3个代号的职业兴趣类型，对照如下方法找出职业兴趣所在。

首先，根据你的职业兴趣代号，在下表中找出相应的职业，如你的职业兴趣代号是RIA，那么牙科技术人员、陶工等是适合你兴趣的职业。

然后，寻找与你职业兴趣代号相近的职业，如你的职业兴趣代号是RIA，那么，其他由这三个字母组合成的编号（如 IRA、IAR、ARI 等）对应的职业也较适合你的兴趣。

RIA：牙科技术人员、陶工、建筑设计员、模型工、细木工、制作链条人员。

RIS：厨师、林务员、跳水员、潜水员、染色员、电器修理工、眼镜制作工、电工、纺织机器装配工、服务员、装玻璃工人、发电厂工人、焊接工。

RIE：建筑和桥梁工程、环境工程、航空工程、公路工程、电力工程、信号工程、电话工程、一般机械工程、自动工程、矿业工程、海洋工程、交通工程技术人员，制科员，家政经济人员，计量员，农民，农场工人，农业机器操作工，清洁工，无线电修理工，汽车修理工，手表修理工，管子工，线路装配工，工具仓库管理员。

RIC：船上工作人员、接待员、杂志保管员、牙医助手、制帽工、磨坊工、石匠、机器制造工、机车（火车头）制造工、农业机器装配工、汽车装配工、缝纫机装配工、钟表装配和检验工、电动器具装配工、鞋匠、货物检验员、电梯机修工、托儿所所长、钢琴调音员、装配工、印刷工、建筑钢铁工人、卡车司机。

RAI：手工雕刻、玻璃雕刻、制作模型人员、家具木工、制作皮革品人员、手工绣花人员、手工钩针编织人员、排字工人、印刷工人、图画雕刻工、装订工。

RSE：消防员、交通巡警、警察、门卫、理发师、房间清洁工、屠夫、锻工、开凿工人、管道安装工、出租汽车驾驶员、货物搬运工、送报员、勘探员、娱乐场所服务员、起卸机操作工、灭害虫者、电梯操作工、厨房助手。

RSI：纺织工、编织工、农业学校教师、某些职业课程教师（如艺术、商业、技术、工艺课程）、雨衣上胶工。

REC：保姆、实验室动物饲养员、动物管理员。

REI：轮船船长、航海领航员、大副、试管实验员。

RES：旅馆服务员、家畜饲养员、渔民、渔网修补工、水手、收割机操作工、搬运行李的工人、公园服务员、救生员、登山导游、火车工程技术员、建筑工人、铺轨工人。

RCI：测量员、勘测员、仪表操作者、农业工程技师、化学工程技师、民用工程技师、石油工程技师、资料室管理员、探矿工、煅烧工、烧窑工、矿工、保养工、磨床工、取样工、样品检验员、纺纱工、炮手、漂洗工、电焊工、锯木工、刨床工、制帽工、手工缝纫工、油漆工、染色工、按摩工、木匠、农民、建筑工人、电影放映员、勘测员助手。

RCS：公共汽车驾驶员、水手、游泳池服务员、裁缝、建筑工人、石匠、烟囱修建工、混凝土工、电话修理工、爆破手、邮递员、矿工、裱糊工人、纺纱工。

RCE：打井工、吊车驾驶员、农场工人、邮件分类员、铲车司机、拖拉机司机。

IAS：普通经济学家、农场经济学家、财政经济学家、国际贸易经济学家、实验心理学家、工程心理学家、心理学家、哲学家、内科医生、数学家。

IAR：人类学家、天文学家、化学家、物理学家、医学病理学家、动物标本制作者、化石修复者、艺术品管理员。

ISE：营养学家、饮食顾问、火灾检查员、邮政服务检查员。

ISC：侦察员、电视播音室修理员、电视修理服务员、验尸室人员、编目录者、医学实验室技师、调查研究者。

ISR：水生生物学者、昆虫学者、微生物学家、发展心理学家、配镜师、矫正视力者、细菌学家、牙科医生、骨科医生。

ISA：实验心理学家、普通心理学家、发展心理学家、教育心理学家、社会心理学家、临床心理学家、目录学家、皮肤病学家、神经病学家、妇产科医生、眼科医生、五官科医生、医学实验室技术专家、民航医务人员、护士。

IES：细菌学家、生理学家、化学专家、地质专家、地理物理学专家、纺织技术专家、医院药剂师、工业药剂师、药房营业员。

IEC：档案保管员、保险统计员。

ICR：质量检验技术员、地质学技师、工程师、法官、图书馆技术辅导员、计算机操作员、医院听诊员、家禽检查员。

IRA：地理学家、地质学家、水文学家、矿物学家、古生物学家、农业科学家、动物学家、食品科学家、园艺学家、植物学家、细菌学家、解剖学家、动物病理学家、植物病理学家、药物学家、生物化学家、生物物理学家、细胞生物学家、临床化学家、遗传学家、分子生物学家、质量控制工程师、地理学家、兽医、放射治疗技师。

IRS：流体物理学家、物理海洋学家、等离子体物理学家、农业科学家、动物学家、食品科学家、园艺学家、植物学家、细菌学家、解剖学家、动物病理学家、植物病理学家、药物学家、生物化学家、生物物理学家、细胞生物学家、临床化学家、遗传学家、分子生物学家、质量控制工程师、地理学家、兽医、放射性治疗技师。

IRE：化验员、化学工程师、纺织工程师、食品技师、渔业技术专家、材料和测试工程师、电气工程师、土木工程师、航空工程师、行政官员、冶金专家、核工程师、陶瓷工程师、地质工程师、电力工程师、口腔科医生、牙科医生。

IRC：飞机领航员、飞行员、物理实验室技师、文献检查员、农业技术专家、动植物技术专家、生物技师、油管检查员、工商业规划者、矿藏安全检查员、纺织品检验员、照相机修理者、工程技术员、编计算机程序者、工具设计者、仪器维修工。

CRI：书记员、会计、计时员、铸造机操作工、打字员、按键操作工、复印机操作员。

CRS：仓库保管员、档案管理员、缝纫工、讲述员、收银员。

CRE：标价员、实验室工作者、广告管理员、自动打字机操作员、电动机装配工、缝纫机操作工。

CIS：记账员、顾客服务员、报刊发行员、土地测量员、保险公司工作人员。

CIR：校对员、工程职员、电报员、检修计划员、发报员。

CSE：接待员、通讯员、电话接线员、售票员、旅馆服务员、私人职员、商学教师、旅游办事员。

CSR：运货代理商、铁路职员、交通检查员、办公室通信员。

CSI：书记员、出纳员、银行财务职员。

CSA：秘书、图书管理员、办公室办事员。

CER：邮递员、数据员、航空邮件检查员。

CEI：推销员、经济分析家。

CES：银行会计、记账员、秘书、速记员、法院报告人。

ECI：银行行长、审计员、信用管理员、地产管理员、商业管理员。

ECS：信用办事员、保险人员、各类进货员、海关服务经理、售货员、采购员、会计。

ERI：建筑物管理员、工业工程师、农场管理员、护士长、农业经营管理人员。

ERS：仓库管理员、房屋管理员、货栈监督管理员。

ERC：邮政局局长、渔船船长、机械操作领班、木工领班、瓦工领班、驾驶员领班。

EIR： 科学、技术和有关周期出版物的管理员。

EIC： 专利代理人、鉴定人、运输服务检查员、安全检查员、废品收购人员。

EIS： 警官、侦察员、交通检验员、安全咨询员、合同管理者。

EAS： 法官、律师、公证人。

EAR： 展览室管理员、舞台管理员、播音员、驯兽员。

ESC： 理发师、裁判员、政府行政管理员、财政管理员、工程管理员、职业病防治员、售货员、商业经理、办公室主任、人事负责人、调度员。

ESR： 家具售货员、书店售货员、公共汽车驾驶员、日用品售货员、护士长、自然科学和工程行政领导。

ESI： 博物馆管理员、图书馆管理员、古迹管理员、饮食业经理、地区安全服务管理员、技术服务咨询者、超级市场管理员、零售商品店店员、批发商、出租汽车服务站调度员。

ESA： 博物馆馆长、报刊管理员、音乐器材售货员、广告商售画营业员、导游、（轮船或班机上的）事务长、空姐、船员、法官、律师。

ASE： 戏剧导演、舞蹈教师、广告撰稿人、报刊专栏作者、记者、演员、英语翻译。

ASI： 音乐教师、乐器教师、美术教师、管弦乐指挥、合唱队指挥、歌手、演奏家、哲学家、作家、广告经理、时装模特。

AER： 新闻摄影师、电视摄像师、艺术指导、录音指导、丑角演员、魔术师、木偶戏演员、骑士、跳水员。

AEI： 音乐指导、舞台指导、电影导演。

AES： 流行歌手、舞蹈演员、电影导演、广播节目主持人、舞蹈教师、口技表演者、喜剧演员、模特。

AIS： 画家、剧作家、编辑、评论家、时装艺术大师、新闻摄影师、演员、文学作者。

AIR： 建筑师、画家、摄影师、绘图员、环境美化工、雕刻家、包装设计师、陶瓷设计师、绣花工、漫画工。

SEC： 社会活动家、退伍军人、服务员、工商会事务代表、教育咨询者、宿舍管理员、旅馆经理、饮食服务管理员。

SER： 体育教练、游泳指导。

SEI： 大学校长、学院院长、学院行政管理员、历史学家、家政经济学家、职业学校教师、资料员。

SEA： 娱乐活动管理员、国外服务办事员、社会服务助理、一般咨询者、宗教教育工作者。

SCE： 部长助理、福利机构职员、生产协调人员、环境卫生管理人员、戏院经理、餐馆经理、售票员。

SRI： 外科医师助手、医院服务员。

SRE： 体育教师、职业病治疗者、体育教练、专业运动员、房管员、儿童家庭教师、警察、引座员、传达员、保姆。

SRC： 护理员、护理助理、医院勤杂工、理发师、学校儿童服务人员。

SIA： 社会学家，心理咨询师，学校心理学家，政治科学家，大学或学院的系主任，大学或学院的教育学教师，大学农业教师，大学工程和建筑课程的教师，大学法律教师，大学数学、医学、物理、社会科学和生命科学教师，研究生助教，成人教育教师。

SIE： 营养学家、饮食学家、海关检查员、安全检查员、税务稽查员、校长。

SIC： 描图员、兽医助手、诊所助理、体检检查员、监督缓刑犯工作者、娱乐指导者、咨询人员、社会科学教师。

SIR： 理疗员、救护工作队人员、手足病医生、职业病治疗助手。

【典例延展】

钟爱于你所做的事

（蔡艳鹏）

看看那些成功者的经历，我们会发现他们几乎个个都是工作狂，只要一工作起来他们就全身心地投入，甚至能连续几天几夜不休息。工作狂就其本质来说只不过是他对事业、对工作的热爱而已，所以你能看到他们对待工作是那样富有激情，同时，这份激情感染着身边的人。

一个人的工作激情来自他对自己工作的热爱，只有热爱才能真正地投入热情把工作做好。热爱工作，钟爱于你所做的事，是一种积极向上的心态，是做事业的基本价值观和应当具备的信念。

像其他大学生一样，雷军大学毕业后也面临着择业的问题。首先，他一定要从事计算机行业，因为他的理想职业是做一名程序员。有许多公司，像联想、超想、四通等都向雷军发出了邀请，但是雷军最终选择了金山。雷军与求伯君可以说是一见如故。求伯君很欣赏雷军在计算机方面的才华，雷军觉得求伯君正在做自己梦寐以求的事业，在求伯君的力邀下雷军加盟金山。不久后，雷军在北京成立了金山开发部，负责WPS汉卡的技术支持，做金山未来三年到五年的产品。他组织20多名顶尖程序高手，在"求伯君的今天就是我们明天"的口号的激励下，拼命工作，开发程序，雷军更是尽心尽力——能做自己热爱的工作，全身心地投入，不论工作有多忙，遇到什么困难，似乎都浇灭不了雷军的工作热情。

特别是在雷军出任总经理以后，他便对金山的众多事务亲力亲为，将自己大部分时间都投入到异常忙碌和紧张的工作中去。的确，有太多的事情等待他去完成。而且你会发现，雷军每一次露面，总能把自己调整到精力充沛、信心百倍的状态。无论在职还是已离职的金山中高层员工，在谈及雷军对待工作的态度时无不表示敬佩，雷军对待工作的高度热情深深地感染着身边的每一个人。让雷军拼命工作的动力不是名利、地位、鲜花、掌声，而是他对自己所做的事的钟爱之情，这种感情能够让他在工作中忘记劳累和烦恼，在风雨泥泞中不屈服、不后退，一直快乐地前行。

在一次采访时，记者问雷军："听说你是金山最不爱睡觉、最不爱吃饭、最不爱回家的人。最近更是凌晨3点下班回家，早上8点开会，在这连续几个月睡眠不足的日子里，你还能有快乐工作的感觉吗？"雷军回答道："我把别人用来睡觉的时间来完成工作了，我很快乐。我很享受这种生活。自从金山的网络游戏《剑侠奇缘》上线以来，我们团队很多人都是一天睡不了几个小时，我也几乎没有休息的时间。要把企业的需要变成个人的爱好，企业需要你不睡觉就不睡觉，企业需要你不吃饭就不吃饭。"

当你钟爱你的工作，热爱你的事业时，那么你的工作、你的事业也会给你相应的回报；如果你只是把工作作为一份差事来应付，不热爱它，那么，它只能是你的地狱。只有你深深地热爱这份工作，你才会把它做好。雷军刚刚加入金山时，金山只有五六个人，两年后他出任公司总经理，配合求伯君管理公司。1998年雷军被董事会任命为CEO时，金山已经发展成为有近百人的企业。到2007年，金山员工接近两千人，并完成了IPO（首次公开募股）。在这近20年的时间里，从刚毕业的大学生到优秀的程序员，再到公司CEO，这个蜕变过程中雷军几乎付出了自己的所有精力和心血。

雷军认为，能不能做好一个企业，经验和实力固然重要，但是支持你走下去的内在动力——对所做事业的心态则更为重要。喜欢不喜欢是一种心态、一种情绪，在很大程度上影响着事业的成败。许多曾经对自己的事业充满斗志的人，因为长期机械地做事丧失了工作的热情，变得厌倦；有的是因为对环境不满意或是其他原因，而忽略了工作乐趣；有的仅是因为经受了一次失败的打击，对未来产生了恐惧而不再有动力和激情。在实现自己梦想的过程中总会遇到种种不幸，只有钟爱你的事业，你才能坚定信念，才能有走下去的勇气。

每个人都希望从事自己喜爱的工作，但是，现实往往不尽如人意。在具体工作中，有的人把工作看作一种乐趣，享受过程，快乐收获；有的人则把工作看成是一种负担，应付差事，从而也就失去了很多。一个人所从事的工作是他获得幸福的源泉，是他的理想所在，是他对待人生态度的体现。如果你有喜欢的工作，那么恭喜你，朝着自己希望的方向去努力，为自己的人生尽力活一次，不要到老时遗憾自己没有做这做那。如果你没有想过自己究竟喜欢什么，也很简单，从现在开始，热爱现在的工作，试着去喜欢它。比尔·盖茨说："你可以不喜欢你现在的工作，但你必须热爱它。只要坚持热爱，平凡的工作也会有伟大的成就。"热爱工作是一种信念，积极乐观的人总是怀着这种信念为自己的理想奋斗。

"迪士尼"是一个给无数孩子和家长带来快乐的名字，代表着遍布世界的乐园以及世界流行的卡通片。迪士尼公司的创始人沃尔特·迪士尼，当初只是一个爱画画的小孩儿，他的梦想就是做一名画家。开始时，他的画几乎无人欣赏，这让以画画为生的迪士尼过着贫困潦倒的生活。那时候，迪士尼的"画室"是一个满是汽油味而且又脏又乱的废旧车库，在这里画画时他常常会看见一只鼷鼠。这只鼷鼠的一举一动都被迪士尼看在眼里，他还经常扔一些面包屑给鼷鼠吃。一天，迪士尼在思考自己新画的主人公时，突然眼前闪过他和这个鼷鼠互动的情景，于是灵感的火花迸发，他开始画以鼷鼠为主题的卡通画，日后闻名世界的米老鼠就这样诞生了！《米老鼠和唐老鸭》大获成功之后，迪士尼于1928年创立了迪士尼制片公司，主要从事卡通电影的制作。

在事业上，唯一能获得真正满足的方法就是做你相信是伟大的工作，而伟大的工作就是你所热爱的事。在后来的日子里，迪士尼很少亲手绘制原图、安排对白及处理画面，因为这些由他的助手代劳。但是迪士尼从没扔下自己热爱的工作，繁忙的工作之余，他将大部分时间花在了去动物园研究动物的动作及叫声上。《米老鼠和唐老鸭》卡通片中米老鼠的声音就出于迪士尼本人之口。迪士尼将所赚的钱全都用在了事业上，在他看来，赚钱并不是有趣的事，唯有工作才能使他在生活中产生感激之情，并感受到无穷的乐趣。

曾经有人问爱迪生成功的秘诀是什么，爱迪生回答说："我为了解决一个问题，会持续不断地努力，投注无数的精力和体力而不感觉疲倦，这就是我成功的秘诀。"

我们常听说有关工作狂的故事，这些疯狂工作的人除了工作外没有一丝休闲时间，有些人就是因为太热爱工作几乎到了废寝忘食的地步。因为工作让他兴奋，给他成就感，使他活得充实。乔布斯曾说过："只有爱你所做的，你才能成就伟大的事情。如果你没找到自己所爱的，继续找，别停下来。就像所有与你内心有关的事情，当你找到时你会知道的。"

在自己所钟爱的事业中，你可以尽情释放自己的热情、释放自己的能量、释放自己的智慧，来获取一份快乐、一份成功。世界上那些取得杰出成就的人哪一个不是从事自己所喜爱的事业呢？做你所爱，爱你所做。你这一生能够有多成功，就取决于你做了多少自己热爱的事情。

资料来源：蔡艳鹏.雷军：人因梦想而伟大[M].武汉：武汉出版社，2012：45-48.

专题三　性格探索

——我适合干什么

03

专题三　性格探索——我适合干什么

【探究项目1】

我的 MBTI 性格解码

☞ **测前须知**

（1）参加测试的人员请务必诚实、独立地回答问题，只有如此才能得到有效的结果。

（2）《测试结果》展示的是你的性格倾向而不是你的知识、技能、经验。

（3）MBTI 提供的性格类型描述仅供测试者确定自己的性格类型，性格类型没有好坏只有不同。每一种性格特征都有其价值和优点，也有缺点和需要注意的地方。清楚地了解自己的性格优劣势有利于更好地发挥自己的特长从而尽可能地在为人处世中避免自己性格中的劣势，更好地和他人相处，更好地做重要的决策。

（4）本测试分为四部分，共 93 题，需时约 18 分钟。所有题目没有对错之分，请根据自己的实际情况选择。将你选择的 A 或 B 所在的○涂黑（如 ●）。

只要你是认真、真实地填写测试问卷，那么通常情况下你都能得到一个确实和你的性格相匹配的类型。希望你能从中或多或少地获得一些有益的信息。

第一部分：哪一个答案最能贴切地描绘你一般的感受或行为？								
序号	问题描述	选项	E	I	S	N	T	F	J	P
1	当你要外出一整天时你会怎样做？ A. 计划你要做什么和在什么时候做 B. 说去就去	A							○	
		B									○
2	你认为自己是一个怎样的人？ A. 较为随兴的人 B. 较为有条理的人	A									○
		B							○	

续　表

序号	问题描述	选项	E	I	S	N	T	F	J	P
3	假如你是一位教师，你会选教什么课程？ A. 以事实为主的课程 B. 涉及理论的课程	A			○					
		B				○				
4	你通常与人相处是怎样的？ A. 与人容易混熟 B. 比较沉静或矜持	A	○							
		B		○						
5	一般来说你和哪些人比较合得来？ A. 富于想象力的人 B. 现实的人	A				○				
		B			○					
6	你是否经常出现以下情况？ A. 你的情感支配你的理智 B. 你的理智主宰你的情感	A						○		
		B					○			
7	处理许多事情上，你会喜欢怎样做？ A. 凭兴所至行事 B. 按照计划行事	A								○
		B							○	
8	你是否容易让人了解？ A. 容易让人了解 B. 难以让人了解	A	○							
		B		○						
9	按照程序表做事是否合你心意？ A. 合你心意 B. 令你感到束缚	A							○	
		B								○
10	当你有一份特别的任务时你喜欢怎样做？ A. 开始前小心组织计划 B. 边做边找须做什么	A							○	
		B								○
11	在大多数情况下，你会怎样做事？ A. 顺其自然 B. 按程序表做事	A								○
		B							○	
12	大多数人会说你是一个怎样的人？ A. 重视自我隐私的人 B. 非常坦率开放的人	A		○						
		B	○							
13	你宁愿被人认为是一个怎样的人？ A. 实事求是的人 B. 机灵的人	A			○					
		B				○				
14	在一大群人当中通常是你介绍大家认识还是别人介绍你？ A. 你介绍大家认识 B. 别人介绍你	A	○							
		B		○						
15	你会跟哪些人做朋友？ A. 常提出新主意的人 B. 脚踏实地的人	A				○				
		B			○					

续　表

序号	问题描述	选项	E	I	S	N	T	F	J	P
16	做事时感情和逻辑你倾向于哪方面？ A. 重视感情多于逻辑 B. 重视逻辑多于感情	A						○		
		B					○			
17	做一件事，你比较喜欢什么时候做计划？ A. 坐观事情发展才做计划 B. 很早就做计划	A								○
		B							○	
18	你喜欢花很多的时间独处还是和别人在一起？ A. 一个人独处 B. 和别人在一起	A		○						
		B	○							
19	与很多人一起会对你产生怎样的影响？ A. 令你活力倍增 B. 常常令你心力交瘁	A	○							
		B		○						
20	以下你比较喜欢哪种方式？ A. 很早便把约会、社交等事情安排妥当 B. 无拘无束，看当时有什么好玩就做什么	A							○	
		B								○
21	计划一个旅程时，你较喜欢怎样做？ A. 大部分的时间都是跟着当天的感觉行事 B. 事先知道大部分的日子会做什么	A								○
		B							○	
22	在社交聚会中你是怎样的状态？ A. 有时感到郁闷 B. 常常乐在其中	A		○						
		B	○							
23	你通常是怎样的状态？ A. 和别人容易混熟 B. 趋向自处一隅	A	○							
		B		○						
24	哪些人会更吸引你？ A. 一个思维敏捷及非常聪颖的人 B. 实事求是，有丰富常识的人	A				○				
		B			○					
25	在日常工作中你会怎样做？ A. 颇为喜欢处理迫使你分秒必争的突发事件 B. 通常预先计划，以免在压力下工作	A								○
		B							○	
26	你认为别人一般认识你要花很长时间吗？ A. 要花很长时间才认识你 B. 用很短的时间便认识你	A		○						
		B	○							

第二部分：下列每一对词语中哪一个词语更合你的心意？请仔细想想这些词语的意义而不要理会它们的字形或读音。

序号	问题描述	选项	E	I	S	N	T	F	J	P
27	A. 注重隐私　B. 坦率开放	A		○						
		B	○							

续表

序号	问题描述	选项	E	I	S	N	T	F	J	P
28	A.预先安排的　B.无计划的	A							○	
		B								○
29	A.抽象　　　B.具体	A				○				
		B			○					
30	A.温柔　　　B.坚定	A						○		
		B					○			
31	A.思考　　　B.感受	A					○			
		B						○		
32	A.事实　　　B.意念	A			○					
		B				○				
33	A.冲动　　　B.决定	A								○
		B							○	
34	A.热衷　　　B.文静	A	○							
		B		○						
35	A.文静　　　B.外向	A		○						
		B	○							
36	A.有系统　　B.随意	A							○	
		B								○
37	A.理论　　　B.肯定	A				○				
		B			○					
38	A.敏感　　　B.公正	A						○		
		B					○			
39	A.令人信服　B.感人的	A					○			
		B						○		
40	A.声明　　　B.概念	A				○				
		B			○					
41	A.不受约束　B.预先安排	A								○
		B							○	
42	A.矜持　　　B.健谈	A		○						
		B	○							
43	A.有条不紊　B.不拘小节	A							○	
		B								○
44	A.意念　　　B.实况	A				○				
		B			○					
45	A.同情怜悯　B.远见	A						○		
		B					○			
46	A.利益　　　B.祝福	A					○			
		B						○		

续表

序号	问题描述	选项	E	I	S	N	T	F	J	P
47	A.务实的　B.理论的	A			○					
		B				○				
48	A.朋友不多　B.朋友众多	A		○						
		B	○							
49	A.有系统　B.即兴	A							○	
		B								○
50	A.富于想象的　B.以事论事	A				○				
		B			○					
51	A.亲切的　B.客观的	A						○		
		B					○			
52	A.客观的　B.热情的	A					○			
		B						○		
53	A.建造　B.发明	A			○					
		B				○				
54	A.文静　B.爱合群	A		○						
		B	○							
55	A.理论　B.事实	A				○				
		B			○					
56	A.富同情　B.合逻辑	A						○		
		B					○			
57	A.具分析力　B.多愁善感	A					○			
		B						○		
58	A.合情合理　B.令人着迷	A			○					
		B				○				

第三部分：哪一个答案最能贴切地描绘你一般的感受或行为？

序号	问题描述	选项	E	I	S	N	T	F	J	P
59	当你要在一个星期内完成一个大项目时，你在开始的时候会怎样做？ A.把要做的不同工作依次列出 B.马上动工	A							○	
		B								○
60	在社交场合中，你经常会感到以下哪种情况？ A.与某些人很难打开话匣和保持对话 B.与多数人都能从容地长谈	A		○						
		B	○							
61	要做许多人也做的事，你比较喜欢哪种方式？ A.按照一般认可的方法去做 B.构想一个自己的想法	A			○					
		B				○				

续表

序号	问题描述	选项	E	I	S	N	T	F	J	P
62	你刚认识的朋友能否说出你的兴趣? A. 马上可以 B. 要待他们真正了解你之后才可以	A B	○	○						
63	你通常较喜欢的科目是什么样的? A. 讲授概念和原则的 B. 讲授事实和数据的	A B			○	○				
64	对你来说,哪个是较高的赞誉或称许? A. 一贯感性的人 B. 一贯理性的人	A B					○	○		
65	你对按照程序表做事持怎样的态度? A. 有时是需要的,但一般来说你不大喜欢这样做 B. 大多数情况下是有帮助的而且是你喜欢做的	A B							○	○
66	和一群人在一起,你通常会选哪种交际方式? A. 跟你很熟悉的个别人谈话 B. 参与大家的谈话	A B	○	○						
67	在社交聚会上,你会怎样? A. 说话很多 B. 让别人多说话	A B	○	○						
68	把周末期间要完成的事列成清单,这个主意是否合你意? A. 合你意 B. 使你提不起劲儿	A B							○	○
69	对你来说,哪个是较高的赞誉或称许? A. 能干的 B. 富有同情心	A B					○	○		
70	以下两项你通常喜欢哪项? A. 事先安排你的社交约会 B. 随兴之所至做事	A B							○	○
71	总的说来,要做一个大型作业时,你会选以下哪一项? A. 边做边想该做什么 B. 首先把工作按步细分	A B							○	○
72	你能否滔滔不绝地与人聊天? A. 只限于跟你有共同兴趣的人 B. 几乎跟任何人都可以	A B	○	○						
73	以下选项你会选哪一个? A. 跟随一些证明有效的方法 B. 分析还有什么毛病及尚未解决的难题	A B			○	○				
74	为乐趣而阅读时,你会喜欢怎样的表达方式? A. 奇特或创新的表达方式 B. 作者有话直说	A B			○	○				

续表

序号	问题描述	选项	E	I	S	N	T	F	J	P
75	你宁愿替哪一类上司或者教师工作？ A. 天性纯良，但常常前后不一的 B. 言辞尖锐但永远合乎逻辑的	A					○			
		B						○		
76	你做事多数是怎样的？ A. 按当天心情去做 B. 按照拟好的程序表去做	A								○
		B							○	
77	以下两项你选哪项？ A. 可以和任何人按需求从容地交谈 B. 只是对某些人或在某种情况下才可以畅所欲言	A	○							
		B		○						
78	要做决定时你认为比较重要的是什么？ A. 用事实衡量 B. 考虑他人的感受和意见	A					○			
		B						○		

第四部分：在下列每一对词语中哪一个词语更合你的心意？

序号	问题描述	选项	E	I	S	N	T	F	J	P
79	A. 想象的　B. 真实的	A				○				
		B			○					
80	A. 仁慈慷慨的　B. 意志坚定的	A						○		
		B					○			
81	A. 公正的　B. 有关怀心	A					○			
		B						○		
82	A. 制作　B. 设计	A			○					
		B				○				
83	A. 可能性　B. 必然性	A				○				
		B			○					
84	A. 温柔　B. 力量	A						○		
		B					○			
85	A. 实际　B. 多愁善感	A			○					
		B						○		
86	A. 制造　B. 创造	A			○					
		B				○				
87	A. 新颖的　B. 已知的	A				○				
		B			○					
88	A. 同情　B. 分析	A						○		
		B					○			
89	A. 坚持己见　B. 温柔有爱心	A					○			
		B						○		

续表

序号	问题描述	选项	E	I	S	N	T	F	J	P
90	A.具体的　B.抽象的	A			○					
		B				○				
91	A.全心投入　B.有决心的	A							○	
		B								○
92	A.能干　B.仁慈	A					○			
		B						○		
93	A.实际　B.创新	A			○					
		B				○				
	每项总分									

第五部分：评分规则。

（1）当你将●涂好后，把8项（E、I、S、N、T、F、J、P）分别加起来，并将总和填在每项最下方的方格内。

（2）请复查你的计算是否准确，然后将各项总分填在下面对应的方格内。

每项总分					
外倾	E		I	内倾
感觉	S		N	直觉
思考	T		F	情感
判断	J		P	知觉

第六部分：确定类型的规则。

（1）MBTI以四个组别来评估人的性格类型倾向："E-I""S-N""T-F"和"J-P"。

请你比较四个组别的得分。每个子别中，获得较高分数的那个类型就是你的性格类型倾向。例如，你的得分是E（外倾）12分，I（内倾）9分，那你的类型倾向便是E（外倾）了。

（2）将代表获得较高分数的类型的英文字母填在下方的方格内。如果在一个组别中，两个类型获同分，则依据下边表格中的规则来决定你的类型倾向。

专题三　性格探索——我适合干什么

我的 MBTI 类型代码				
同分处理规则 假如 E=I 请填上 I；　假如 S=N 请填上 N 假如 T=F 请填上 F；　假如 J=P 请填上 P				

如果有些维度出现分数太接近，可用如下方式来转换：

"外倾/内倾"=（内倾－外倾）/21×10（正分为内倾 I，负分为外倾 E）

"感觉/直觉"=（感觉－直觉）/26×10（正分为感觉 S，负分为直觉 N）

"思考/情感"=（思考－情感）/24×10（正分为思考 T，负分为情感 F）

"知觉/判断"=（知觉－判断）/22×10（正分为知觉 P，负分为判断 J）

（3）参考阅读资料，写出与自身性格相匹配的职业。

_____
_____
_____
_____

（4）思考一下，你的性格中的优势和潜在的缺点是什么？

_____
_____
_____
_____

【探究项目2】

菲尔人格测试

🖋 **第一步：根据现在的情况，客观真实地回答下面问卷的问题**

（1）你何时感觉最好_____（得分：_____）

A. 早晨　　　　　　B. 下午及傍晚　　　C. 夜里

（2）你走路时_____（得分：_____）

A. 大步快走　　　　B. 小步快走　　　　C. 不快，仰着头面对着世界

D. 不快，低着头　　E. 很慢

（3）和人说话时，你_____（得分：_____）

A. 手臂交叠站着　　B. 双手紧握　　　　C. 一只手或两手放在臀部

D. 碰着或推着与你说话的人

E. 玩着你的耳朵、摸着你的下巴或用手整理头发

（4）坐着休息时，你_____（得分：_____）

A. 两膝盖并拢　　　B. 两腿交叉　　　　C. 两腿伸直　　　　D. 一腿蜷在身下

（5）碰到你感到发笑的事时，你的反应是_____（得分：_____）

A. 欣赏地大笑　　　B. 笑着，但不大声　C. 轻声地咯咯笑　　D. 羞怯地微笑

（6）当你去一个派对或社交场合时，你_____（得分：_____）

A. 很大声地入场，以引起注意　　　　　B. 安静地入场，找你认识的人

C. 非常安静地入场，尽量保持不被注意

（7）当你非常专心工作时，有人打断你，你会_____（得分：_____）

A. 欢迎他　　　　　B. 感到非常恼怒　　C. 在上述两者之间

专题三　性格探索——我适合干什么

（8）下列颜色中，你最喜欢的是_____（得分：_____）

A. 红色或橘色　　　B. 黑色　　　　　　C. 黄色或浅蓝色

D. 绿色　　　　　　E. 深蓝色或紫色　　F. 白色　　G. 棕色或灰色

（9）临入睡的前几分钟，你在床上的姿势是_____（得分：_____）

A. 仰躺，伸直　　　B. 俯躺，伸直　　　C. 侧躺，微蜷

D. 头睡在一只手臂上　E. 被子盖过头

（10）你经常梦到自己在_____（得分：_____）

A. 下落　　　　　　B. 打架或挣扎　　　C. 找东西或人

D. 飞或漂浮　　　　E. 你平常不做梦　　F. 你的梦都是愉快的

第二步：根据计分标准核算每一题得分，再将所有分数相加

序号	选项						
	A	B	C	D	E	F	G
1	2	4	6	—	—	—	—
2	6	4	7	2	1	—	—
3	4	2	5	7	6	—	—
4	4	6	2	1	—	—	—
5	6	4	3	5	—	—	—
6	6	4	2	—	—	—	—
7	6	2	4	—	—	—	—
8	6	7	5	4	3	2	1
9	7	6	4	2	1	—	—
10	4	2	3	5	6	1	—

测试总得分为_____。

第三步：对菲尔人格测试结果进行分析

根据总得分和结果分析表，判断自身的性格类型。

_____

与性格类型相匹配的职业有（细化）_____。

你的性格中的优势和潜在的缺点是_____。

菲尔人格测试结果分析：

得分区间	性格类型	解释说明	职业匹配
低于21分	内向的悲观者	你是一个害羞、神经质、优柔寡断的人，永远要别人为你做决定。你是一个杞人忧天者，有些人认为你非常乏味，只有那些深知你的人知道你不是这样	大多数公司不喜欢这类性格的人
21分到30分	缺乏信心的挑剔者	你勤勉、刻苦、挑剔，是一个谨慎小心的人。如果你做任何冲动的事或无准备的事，朋友们都会大吃一惊	适合编辑、会计等数字和稽核工作
31分到40分	以牙还牙的自我保护者	你是一个明智、谨慎、注重实效的人，也是一个伶俐、有天赋、有才干且谦虚的人。你不容易很快和人成为朋友，却是一个对朋友非常忠诚的人，同时要求朋友对你忠诚。要动摇你对朋友的信任很难，同样，一旦这种信任被破坏，也很难恢复	有最广泛的适应性
41分到50分	平衡的中道者	你是一个有活力、有魅力、讲究实际，而且永远有趣的人。你经常是群众注意力的焦点，但你是一个足够平衡的人，不至于因此而昏了头。你亲切、和蔼、体贴、宽容，是一个永远会使人高兴、乐于助人的人	适合人力资源工作
51分到60分	吸引人的冒险家	你是一个令人兴奋、活泼、易冲动的人，是一个天生的领袖，能够迅速做出决定，虽然你的决定不总是对的。你是一个愿意尝试机会、欣赏冒险的人，周围人喜欢跟你在一起	适合市场开发与销售工作，能独当一面
60分以上	傲慢的孤独者	你是自负的自我中心主义者，是个有极端支配欲、统治欲的人。别人可能钦佩你，但不会永远相信你，会对与你有更深入的来往有所踌躇及犹豫	通常很有才华，但与人沟通能力欠佳，可做研发指导工作

【阅读资料】

MBTI 职业性格类型和适合职业

人格类型	特征	适合领域	适合职业
ISTJ 检查员型	安静、严肃，通过全面性和可靠性获得成功。实际，有责任感。决定有逻辑性，并一步步地朝着目标前进，不易分心。喜欢将工作、家庭和生活都安排得井井有条。重视传统和忠诚	工商业领域、政府机构、金融银行业、政府机构、技术领域、医务领域	审计师、会计、财务经理、办公室行政管理者、后勤和供应管理者、中层经理、公务（法律、税务）执行人员等；银行信贷员、成本估价师、保险精算师、税务经纪人、税务检查员等；机械、电气工程师，计算机程序员，数据库管理员，地质、气象学家，法律研究者，律师等；外科医生、药剂师、实验室技术人员、牙科医生、医学研究员等
ISFJ 照顾者型	安静、友好、有责任感和良知。坚定地致力于完成他们的义务。全面、勤勉、精确、忠诚、体贴，留心和记得重视的人的小细节，关心他们的感受。努力把工作和家庭环境营造得有序而温馨	无明显领域特征、医护领域、消费类商业、服务业领域	行政管理人员、总经理助理、秘书、人事管理者、项目经理、物流经理、律师助手等；外科医生及其他各类医生、家庭医生、牙科医生、护士、药剂师、医学专家、营养学专家、顾问等；零售店，精品店业主，大型商场、酒店管理人员，室内设计师等
INFJ 博爱型	寻求思想、关系、物质等之间的意义和联系。希望了解什么能够激励人，对人有很强的洞察力。有责任心，坚持自己的价值观。对于怎样更好地服务大众有清晰的远景。在目标的实现过程中有计划而且果断坚定	咨询、教育、科研等领域，文化、艺术、设计等领域	心理咨询工作者、心理诊疗师、职业指导顾问、大学教师（人文学科、艺术类），心理学、教育学、社会学、哲学及其他领域的研究人员等；作家、诗人、剧作家、电影编剧、电影导演、画家、雕塑家、音乐家、艺术顾问、建筑师、设计师等

续　表

人格类型	特征	适合领域	适合职业
INTJ 专家型	在实现自己的想法和达成自己的目标时有创新的想法和非凡的动力。能很快洞察到外界事物间的规律并形成长期的远景计划。一旦决定做一件事就会开始规划并直到完成为止。多疑、独立,对于自己和他人能力和表现的要求都非常高	科研、科技应用技术咨询,管理咨询,金融、投资领域,创造性行业	各类科学家、研究所研究人员、设计工程师、系统分析员、计算机程序师、研究开发部经理等,各类技术顾问、技术专家、企业管理顾问、投资专家、法律顾问、医学专家、精神分析学家等,经济学家、投资银行研究员、证券投资和金融分析员、投资银行家、财务计划人、企业并购专家等,各类发明家、建筑师、社论作家、设计师、艺术家等
ISTP 冒险家型	灵活、忍耐力强,是个安静的观察者,若有问题发生,就会马上行动,找到实用的解决方法。分析事物运作的原理,能从大量的信息中很快地找到关键的症结所在。对于原因和结果感兴趣,用逻辑的方式处理问题,重视效率	技术领域、证券、金融业、贸易、商业领域、户外、运动、艺术等领域	机械、电气、电子工程师,各类技术专家和技师,计算机硬件、系统集成专业人员等;证券分析师、金融顾问、财务顾问、经济学研究者等;贸易商、商品经销商、产品代理商(有形产品为主)等;警察、侦探、体育工作者、赛车手、飞行员、雕塑家、手工制作、画家等
ISFP 艺术家型	安静、友好、敏感、和善,享受当前。喜欢有自己的空间,喜欢按照自己的时间表工作。对于自己的价值观和自己觉得重要的人非常忠诚,有责任心。不喜欢争论和冲突。不会将自己的观念和价值观强加到别人身上	手工艺、艺术领域,医护领域,商业、服务业领域	时装、首饰设计师、装潢、园艺设计师、陶器、乐器、卡通、漫画制作者,素描画家,舞蹈演员、画家,等等;出诊医生、出诊护士、理疗师、牙科医生、个人健康和运动教练;餐饮业、娱乐业业主,旅行社销售人员,体育用品、个人理疗用品销售员,等等
INFP 哲学家型	理想主义者,对于自己的价值观和自己觉得重要的人非常忠诚。希望外部的生活和自己内心的价值观是统一的。好奇心重,很快能看到事情的可能性,使之成为实现想法的催化剂。追求理解别人和帮助他人实现潜能。适应力强,灵活,善于接受,除非有悖于自己的价值观	创作,艺术类,教育、研究、咨询类	各类艺术家、诗人、小说家、建筑师、设计师、文学编辑、艺术指导、记者等,大学教师(人文类)、心理学工作者、心理辅导和咨询人员、社科类研究人员、社会工作者、教育顾问、图书管理者、翻译家等

续　表

人格类型	特征	适合领域	适合职业
INTP 学者型	对于自己感兴趣的任何事物都寻求找到合理的解释。喜欢理论性和抽象的事物，热衷于思考而非社交活动。安静、内向、灵活、适应力强。对于自己感兴趣的领域有超凡的集中精力深度解决问题的能力。多疑，有时会有点挑剔，喜欢分析	计算机技术领域、理论研究领域、学术领域、专业领域、创造性领域	软件设计员、系统分析师、计算机程序员、数据库管理员、故障排除专家等，大学教授、科研机构研究人员、数学家、物理学家、经济学家、考古学家、历史学家等，证券分析师、金融投资顾问、律师、法律顾问、财务专家、侦探等，各类发明家、作家、设计师、音乐家、艺术家、艺术鉴赏家等
ESTP 挑战者型	灵活、忍耐力强，实际，注重结果。觉得理论和抽象的解释非常无趣。喜欢积极地采取行动解决问题。注重当前，自然不做作，享受和他人在一起的时刻。喜欢物质享受和时尚。学习新事物最有效的方式是通过亲身感受和练习	贸易、商业、某些特殊领域，服务业，金融证券业，娱乐、体育、艺术领域	各类贸易商、批发商、中间商、零售商、房地产经纪人、保险经纪人、汽车销售人员、私家侦探、警察等；餐饮、娱乐及其他各类服务业的业主、主管、特许经营者、自由职业者等；股票经纪人、证券分析师、理财顾问、个人投资者等；娱乐节目主持人，体育节目评论员，脱口秀、音乐、舞蹈表演者，健身教练，体育工作者，等等
ESFP 表演者型	外向、友好、接受能力强。热爱生活、人类和物质上的享受。喜欢和别人一起将事情做成功。在工作中讲究常识和实用性，并使工作显得有趣。灵活、自然不做作，对于任何新的事物都能很快适应。学习新事物最有效的方式是和他人一起尝试	消费类商业、服务业领域，广告业、娱乐业领域，旅游业、社区服务等其他领域	精品店、商场销售人员，娱乐、餐饮业客户经理，房地产销售人员，汽车销售人员，市场营销人员（消费类产品），等等；广告企业中的设计师、创意人员、客户经理、时装设计和表演人员、摄影师、节目主持人、脱口秀演员等；旅游企业中的销售、服务人员，导游，社区工作人员、志愿者、公共关系专家、健身和运动教练、医护人员等
ENFP 公关型	热情洋溢、富有想象力。认为人生有很多可能性。能很快将事情和信息联系起来，然后很自信地根据自己的判断解决问题。总是需要得到别人的认可，也总是准备给予他人赏识和帮助。灵活、自然不做作，有很强的即兴发挥能力，言语流畅	广告创意、市场营销和宣传策划、市场调研、艺术指导、公关等领域	儿童教育教师、大学教师（人文类）、心理学工作者、心理辅导和咨询人员、职业规划顾问、社会工作者、人力资源专家、培训师、演讲家等，记者（访谈类）、节目策划和主持人、专栏作家、剧作家、艺术指导、设计师、卡通制作者、电影制片人、电视制剧片人等

续　表

人格类型	特征	适合领域	适合职业
ENTP 智多星型	反应快、睿智，有激励别人的能力，警觉性强，直言不讳。在解决新的、具有挑战性的问题时机智而有策略。善于找出理论上的可能性，然后用战略性的眼光分析。善于理解别人。不喜欢例行公事，很少会用相同的方法做相同的事情，倾向于一个接一个地发展新的爱好	投资、项目策划、投资银行、自我创业、市场营销等领域，创造性领域，公共关系、政治等领域	投资顾问（房地产、金融、贸易、商业等）、各类项目的策划人和发起者、投资银行家、风险投资人、企业业主（新兴产业）等，市场营销人员、各类产品销售经理、广告创意人员、艺术总监、访谈类节目主持人、制片人等，公共关系专家、公司对外发言人、社团负责人、政治家等
ESTJ 管家型	实际，现实主义者。果断，一旦下决心就会马上行动。善于将项目和人组织起来将事情完成，并尽可能用最有效的方法得到结果。注重日常的细节。有一套非常清晰的逻辑标准并系统性地遵循，希望他人也同样遵循。在实施计划时强而有力	无明显领域特征	大中型外资企业员工、业务经理、中层经理（多分布在财务、营运、物流采购、销售管理、项目管理、工厂管理、人事行政部门）、职业经理人、各类中小型企业主管和业主
ESFJ 主人型	热心肠、有责任心、善于合作。希望周边的环境温馨而和谐，并为此果断地执行。喜欢和他人一起精确并及时地完成任务。事无巨细并保持忠诚。能体察他人在日常生活中的所需并竭尽全力帮助。希望自己和自己的所为能受到他人的认可和赏识	无明显领域特征	办公室行政或管理人员、秘书、总经理助理、项目经理、客户服务部人员、采购和物流管理人员等，内科医生及其他各类医生、牙科医生、护士、健康护理指导师、饮食学专家、营养学专家、小学教师（班主任）、学校管理者等，银行、酒店、大型企业的客户服务代表、客户经理、公共关系部主任等，商场经理、餐饮业业主和管理人员等

续 表

人格类型	特征	适合领域	适合职业
ENFJ 教导型	热情、为他人着想、易感应、有责任心。非常注重他人的感情、需求和动机。善于发现他人的潜能，并希望能帮助他们实现。能成为个人或群体成长和进步的催化剂。忠诚，对于赞扬和批评都会积极回应。友善、好社交。在团体中能很好地帮助他人，并有鼓舞他人的领导能力	培训、咨询、教育、新闻传播、公共关系、文化艺术等领域	人力资源培训主任、销售培训员、沟通培训员、团队培训员、职业指导顾问、心理咨询工作者、大学教师（人文学科类）、教育学研究人员、心理学研究人员等，记者、撰稿人、节目主持人（新闻、采访类）、公共关系专家、社会活动家、文艺工作者、平面设计师、画家、音乐家等
ENTJ 统帅型	坦诚、果断，有天生的领导能力。能很快看到公司/组织程序和政策中的不合理性和低效能性，发展并实施有效和全面的系统来解决问题。善于做长期的计划和目标的设定。通常见多识广，博览群书，喜欢拓宽自己的知识面并将此分享给他人。在陈述自己的想法时强而有力	工商业、政界、金融和投资领域，管理咨询、培训等专业性领域	各类企业的高级主管、总经理、企业主，社会团体负责人、政治家等；投资银行家、风险投资家、股票经纪人、公司财务经理、财务顾问，经济学家，企业管理顾问、企业战略顾问、项目顾问、专项培训师，等等；律师、法官、知识产权专家、大学教师、科技专家等

【典例延展】

邓亚萍升职记

（大为）

"性格决定命运",邓亚萍的选择还是性格决定的。"竞技体育的残酷告诉了我,人生没有捷径,只有靠自己去拼。"她没有选择容易的事情来做,而是选择了对自己来讲最有挑战性的事情来做,实践证明,她的选择是对的。

2010年国庆节前夕,昔日"乒乓女王"、37岁的邓亚萍完成了人生又一次华丽转身——正式出任人民日报社副秘书长兼人民搜索网站总裁,成为中国历史上最年轻的正厅级女干部。

三年内完成"三级跳"

在众多转型从政的女运动员中,邓亚萍无疑是成功者之一。邓亚萍的"当官"跟她的很多前辈不同,她并不仅仅担任体育行政管理领域的职务,早在一年半前她就已经进入了国家机关,担任的职位是共青团北京市委副书记（副厅局级干部）。一年后,邓亚萍又正式调任人民日报社副秘书长兼人民搜索网站总裁,短短三年,邓亚萍完成了"三级跳"。

北京奥运会前一年,邓亚萍正式担任北京奥组委奥运村部副部长,大家习惯把干练的她称作"奥运村村长",应该说那时的邓亚萍已经悄然开始了从体坛到政坛的角色转变,但是她的工作毕竟没有脱离体育行政管理领域,一切看上去是那么理所当然,在她之前有着太多类似的"体而优则仕"的故事,如女排功勋教头袁伟民[曾担任国家体育总局局长（正部级）]、国球名帅蔡振华[现任国家体育总局副局长（副部级）]、老女排队长张蓉芳[现任国家体育总局排球运动管理中心党组书记（正厅级）]……

去年4月，邓亚萍出人意料地被调到共青团北京市委担任副书记，团干部的历练必将让她的仕途前景更为开阔。那时，邓亚萍就多次表示，团的工作对她来说是新领域、新工作、新角色，自己要多向大家学习和请教。自上任时起，她每天的日程都安排得满满的：参加"五四"运动90周年表彰大会，去怀柔、顺义、朝阳等区县与基层团员交流，在"5·12"汶川地震一周年时与志愿者座谈，参加中韩大学生交流营活动，与中韩大学生共同植树，等等。在新岗位一直很忙，加班加点是常事，还经常开会到半夜一两点，对此，邓亚萍深有感触地说："从共青团的工作来讲，我们总结了这么一句话，就是'白加黑''五加二'，就是每周一到周五要工作，还经常加班加点……"

"尽管非常忙，但我从新集体、新工作中学到了很多东西，扩大了视野。"回忆起刚刚从事共青团工作时那段日子，邓亚萍感慨地说，"从体育系统转到共青团工作，尽管换了工作，但自己的工作对象还是青年人。""我是运动员出身，不怕吃苦，注重团队协作配合，具有很强的感染力。就像乒乓球双打，你的搭档如果发挥不好，你一定要鼓励她，否则她会越打越糟。"

"她总是那么富有激情和感染力，特别善于交流、沟通。"与邓亚萍接触过的一位志愿者由衷地称赞。的确，邓亚萍适应新的工作环境、工作角色转变速度之快出乎很多人的意料。"我在国际奥委会工作多年，国际视野和国际概念使我更了解外国人的思维和文化，这也是我的优势。这些对于加强团组织对外交流、合作、沟通都很有好处。"她说。在邓亚萍看来，交流非常重要。作为分管志愿者工作的副书记，她计划加强北京志愿者组织与联合国志愿者机构的交流和沟通。而作为一个在中国家喻户晓、在世界各地都有"粉丝"的名人，她在与人的交流上也有着得天独厚的优势。在去年上半年，邓亚萍参加中韩大学生交流营活动时，许多韩国大学生认出了她，很多人上前和她交流、合影，气氛非常融洽。"与体育系统相比，共青团组织更具有社会性和广泛性，我要真正地面向社会，面向不同的人群，满足他们的需要。我希望发挥自己的优势，尽可能地把自己分管的工作做好，同时带来新的东西。"

就任团市委副书记近11个月后，今年3月份北京团市委进行了人事调整，邓亚萍开始接手宣传工作，她的具体分工包括负责全团宣传文化建设、青少年思想教育、全团外事与青少年对外交流和志愿者工作，分管宣传部、国际联络部、北京市志愿服务指导中心、北京青少年国学院（筹建中），还协管北京青年报社。这是不是为她日后升迁相关的工作职务做好了铺垫呢？

半年后外界的猜测成为现实

9月25日，邓亚萍正式出任人民日报社副秘书长兼人民搜索网站总裁。人民搜索网站是由人民日报与旗下的人民网共同组建的。日前，人民搜索网络股份公司召开董事会，并通过决议：聘请邓亚萍担任人民搜索网络股份公司总经理。就任后，邓亚萍将全面参与人民搜索的日常管理，全方位推动各项工作。

人民搜索董事会认为，作为曾经的"乒乓女王"、剑桥经济学博士、国际奥委会官员和共青团北京市委副书记，邓亚萍经历了几次成功的大跨度人生转折，她身上所体现出来的拼搏、进取精神以及她本人所具有的国际影响力，将使企业化、市场化运作的人民搜索网在国内外资源拓展方面获得巨大推动力。同时，董事会充分相信，邓亚萍在国际奥委会和共青团北京市委任职期间所表现出来的组织和管理能力，将会在人民搜索的平台上发挥出更大作用。借助邓亚萍的国际影响力，人民搜索将以开放的态度面向国际市场，广泛争取社会合作资源，充分吸收国际运作经验，扩大人民搜索的国际国内影响力。人民搜索尚在创业之初，各方面工作都有待进一步规范和完善，邓亚萍到任后将立即参与到公司的业务方向、管理架构、团队建设等全面的工作中。

不过邓亚萍升迁得到的不光是鲜花和掌声，也有"隔行如隔山"的质疑，有网友说："谷歌的创建者佩奇和布林学的是计算机和数学，李彦宏是计算机硕士，马化腾和丁磊都是学计算机的……邓亚萍是剑桥的经济学博士，但她了解计算机相关学科和互联网规律吗？"

对此，人民搜索副总裁宫玉国认为："邓亚萍是英国剑桥大学的经济学博士，而且不管是运动员时期还是从政以后，她的拼搏精神，还有北京奥组委任职的经验，都会给我们带来不一样的东西。"因此，邓亚萍再一次挑战全新领域，也让许多人格外看好，对她充满了期待。

退役13年，苦读11载

13年前，24岁的邓亚萍带着4枚奥运金牌退役，此后她用了整整11年时间分别在清华大学、英国诺丁汉大学和剑桥大学学习，先后获英语专业学士学位、中国当代研究专业硕士学位和经济学博士学位。同时，在求学期间，在国际奥委会前主席萨马兰奇的鼓励和帮助下，邓亚萍在悉尼奥运会后正式进入国际奥委会运动员委员会，那是她"仕途"的真正起点，后来她又两度成为北京申奥大使，在国际奥委会道德委员会以及运动和环境委员会两个委员会任职，担任北京奥组委官员……

对于一个运动员来说，退役后的选择有很多种，如从商、从政、进演艺圈……然而，邓亚萍选择退役的原因主要有两个：第一个原因是打乒乓球打了19年，是相当长的时间，她已经获得了18个世界冠军，实现了大满贯；第二个原因是为了在退役后适应社会，很想去读书。从退役选择读书来看，邓亚萍的选择还是性格决定的。"竞技体育的残酷告诉了我，人生没有捷径，只有靠自己去拼。"她没有选择容易的事情来做，而是选择了对自己来讲最有挑战性的事情来做，实践证明，她的选择是对的，她是一个笑到最后的人。人们常讲的两句话"性格决定命运"和"吃得苦中苦，方为人上人"在她身上都得到了很好的验证。

"临近退役时，我便开始设计自己将来的路，有人认为运动员只能在自己熟悉的运动项目中继续工作，而我就是要证明：运动员不仅能够打好比赛，也能做好其他事情。哪天我不当运动员了，我的新起点也就开始了。"3年前在出任北京奥组委官员时邓亚萍在接受笔者采访时回忆说："1996年底，我被萨老提名为国际奥委会运动委员会委员。我明白，这既是国际奥委会的重用和信任，也是一次严峻的挑战。奥委会的办公语言是英语和法语。然而，这时我的英语基础几乎是零，法语也是一窍不通。面对如此重要的工作岗位和自己外语水平的反差，我心里急得火上房。"

亚特兰大奥运会结束后，邓亚萍以英语专业本科生的身份初进清华时，她的英文几乎是一张白纸，没有英文的底子，就更别说口语交流的能力了。"怀着兴奋而又忐忑的心情迈进清华大学。老师想看看我的水平——你写出

26个英文字母看看。我费了一阵心思总算写了出来，看着一会儿大写、一会儿小写的字母，我有些不好意思——老师，就这个样子了。但请老师放心，我一定努力！"

"上课时老师的讲述对我而言无异于天书，我只能尽力一字不漏地听着、记着，回到宿舍，再一点点翻字典，一点点硬啃硬记。我给自己制订了学习计划：一切从零开始，坚持三个第一——从课本第一页学起，从第一个字母、第一个单词背起；一天必须保证14个小时的学习时间，每天5点准时起床，读音标、背单词、练听力，直到正式上课；晚上整理讲义，温习功课，直到深夜12点。"由于全身心地投入学习，邓亚萍几乎完全取消了与朋友的聚会及无关紧要的社会活动，就连给父母打电话的次数也大大减少。为了提高自己的听力和会话能力，她除了定时光顾语音室，还买来多功能复读机。由于总是一边听磁带，一边跟着读。同学们总是跟她开玩笑："亚萍，你成天读个不停，当心嘴唇磨出茧子呀！""但我相信：没有超人的付出，就不会有超人的成绩。这也是我多年闯荡赛场的切身体验。"

学习是紧张的，每天的课程都排得满满的。除学习之外，邓亚萍每周还要三次往返几十里路到国家队训练基地进行训练，疲劳程度可想而知。"每天清晨起床时，我都会发现枕头上有许多头发，梳头的时候也会有不少头发脱落下来。对此我并不太在意，倒是教练和队友见到我十分惊讶：'小邓，你怎么了？'我说：'没什么，可能是学习的用脑和打球的用脑不一样吧。'"

为了更快掌握英语，几位英语老师建议邓亚萍到国外去学习一段时间，在他们的热心帮助下，经清华大学和国家体育总局批准，1998年初，刚在清华读了几个月的邓亚萍便作为交换生被送到英国剑桥大学突击英语。

这是一次难得的机会，又是一个艰难的起步。最初的几个月，邓亚萍一直都在艰难地适应剑桥的学习环境。和普通学生一样，邓亚萍买了辆自行车，准备每天骑车往返学校。但第一天房东领她走了一遍，第二天她自己却找不到路了。问路也无法与人交流，这种窘迫让邓亚萍永生难忘。

为了赶功课，邓亚萍起早贪黑，每天只睡几小时。中午吃的是家里带去的三明治，晚饭经常吃的就是方便面加青菜、西红柿和鸡蛋。几乎每天都要学习到午夜才能睡觉。虽然基础比其他同学差，但她总是不甘心，想超过别人。这种好胜的心理后来才慢慢开始转变："毕竟基础不同，从运动员到学生是一个非常大的转折，学习上升也要有个过程。"回到清华，邓亚萍的毕业论文题目是《国球的历史及发展》。从开题报告，到第一次提交论文，以至于论文的最终修订，邓亚萍不仅每一项都达到标准，而且步步提前，赶在时间表前完成。"我终于戴上了学士帽，在毕业典礼上，我用流利的英语向老师致辞。"

2001年9月，邓亚萍从清华走进英国诺丁汉大学攻读硕士。"原本更喜欢剑桥，那里风景可人，令我心醉。可我还是投奔了诺丁汉大学，因为诺丁汉大学有全英国最棒的外语系。"多年后回忆当年清苦的求学生活，邓亚萍说："打球的时候，两眼视力都是1.5，上学以后下降得很快，现在有一只眼已经0.6了。学习和打球相比完全是两码事，睡眠不足，上课总是犯困，眼睛睁不开，越坐越困，恨不得用根棍儿把眼皮撑起来。可对面坐着的是老师，你又不可能睡觉，更不可能溜号。刚开始时这种感觉特别明显，后来我慢慢适应了这种生活，知道该怎样安排好作息，找到了一些规律。"

在诺丁汉大学上课的过程中，邓亚萍总是抓住一切机会抢着发言。老师开玩笑地说，从她学习的劲头可以看得出她是一个世界冠军。当再次拜会萨马兰奇先生时，邓亚萍的硕士论文《从小脚女人到奥运冠军》给了萨翁一个惊喜。2002年12月22日，她如愿获得硕士学位。萨马兰奇先生称赞她"拥有了打开世界大门的钥匙"。

资料来源：新浪网（http://news.sina.com.cn/c/sd/2010-10-07/183521228302.shtml，2010-10-07）。

专题四　能力探索

——我能干什么？

【探究项目1】

我的职场偶像

结合自身了解或查找资料,列举 3～5 个本专业或未来意向职业领域的杰出人物或自己最敬佩的人,分析他们具备哪些能力。

人物	能力

这些人的共同特点是:_____

你与这些人的相似之处:_____

你与这些人的不同之处:_____

要成为这类人,你需要做什么?_____

【探究项目 2】

岗位与能力匹配

请你挑选出你将来可能的、乐于从事的三种具体岗位，并对要做好本职工作所需要的能力进行分析。

☞ 目标岗位一

岗位所需要的能力	
自身优势能力	
需要补齐的能力	
能力依托实践	

☞ 目标岗位二

岗位所需要的能力	
自身优势能力	
需要补齐的能力	
能力依托实践	

☞ 目标岗位三

岗位所需要的能力	
自身优势能力	
需要补齐的能力	
能力依托实践	

【探究项目3】

一般能力倾向测试（GATB）

👉 项目一：一般学习能力倾向

测评项目	强 1	较强 2	一般 3	较弱 4	弱 5
快而容易地学习新的内容					
快而正确地解决数学题目					
你的学习成绩					
对课文的理解、分析、综合能力					
对所学知识的记忆能力					

👉 项目二：语言能力倾向

测评项目	强 1	较强 2	一般 3	较弱 4	弱 5
善于表达自己的观点					
阅读速度和理解能力					
掌握词汇量的程度					
你的语文成绩					
你的文学创作能力					

👉 项目三：算术能力倾向

测评项目	强 1	较强 2	一般 3	较弱 4	弱 5
对物和量的抽象概括能力					
笔算能力					
口算能力					
珠算能力					
你的数学成绩					

项目四：空间判断能力倾向

测评项目	强 1	较强 2	一般 3	较弱 4	弱 5
解决立体几何方面的问题					
画三维度的立体几何图形					
看几何图形的立体感					
想象盒子展开后的平面形状					
想象三维度的物体					

项目五：形态知觉能力倾向

测评项目	强 1	较强 2	一般 3	较弱 4	弱 5
发现相似图形中的细微差异					
识别物体的形态差异					
注意物体的细节部分					
观察图案是否正确					
对物体的细微描述					

项目六：文秘能力倾向

测评项目	强 1	较强 2	一般 3	较弱 4	弱 5
快而准确地抄写材料					
发现错别字或计算错误					
能很快地查找编码卡片					
较长时间工作的能力					
一般应用文的写作能力					

项目七：眼手运动协调能力倾向

测评项目	强 1	较强 2	一般 3	较弱 4	弱 5
玩电子游戏					
篮球、排球、足球运动					
乒乓球、羽毛球运动					
珠算能力					
打字能力					

☞ **项目八：手指灵巧度倾向**

测评项目	强 1	较强 2	一般 3	较弱 4	弱 5
灵巧地使用很小的工具					
穿针眼、编织等使用手指的活动					
使用手指做一件小工艺品					
使用计算器的灵巧程度					
弹琴（钢琴、电子琴、手风琴）					

☞ **项目九：手的灵巧度倾向**

测评项目	强 1	较强 2	一般 3	较弱 4	弱 5
用手把东西分类					
在推拉东西时手的灵活度					
很快地削水果					
灵活地使用手工工具					
绘画、雕刻等手工活动的灵巧性					

计算方法：

（1）每个项目的平均分 =[（第 1 列选择次数之和 ×1）+（第 2 列选择次数之和 ×2）+（第 3 列选择次数之和 ×3）+（第 4 列选择次数之和 ×4）+（第 5 列选择次数之和 ×5）]÷5。

（2）将每项的平均分填入下表。

序号	一	二	三	四	五	六	七	八	九
项目	一般学习能力	语言能力	算术能力	空间判断能力	形态知觉能力	文秘能力	眼手运动协调能力	手指灵巧度	手的灵巧度
平均分									

（3）结果分析：各种职业对职业能力倾向的要求见下表。

职业	一	二	三	四	五	六	七	八	九
生物学家	1	1	1	2	2	3	3	2	3
	★	★	★	★					
建筑师	1	1	1	1	2	3	3	3	3
	★	★	★	★	★		★	★	
测量员	2	2	2	2	2	3	3	3	3
	★		★	★	★		★	★	
制图员	2	3	2	2	2	3	2	2	3
	★		★	★	★	★		★	
建筑和工程技术专家	2	2	2	2	2	3	3	3	3
	★	★	★	★	★				
物理科学技术专家	2	2	2	2	3	3	3	3	3
	★	★	★	★	★				
农业、生物专家	2	2	2	4	2	3	3	2	3
	★	★	★		★				★
数学家和统计学家	1	1	1	3	3	2	4	4	4
	★	★	★	★		★			
计算机程序员	2	2	2	2	3	3	4	4	4
	★	★	★	★		★			
经济学家	1	1	2	2	2	3	4	4	4
	★	★		★	★				
心理学家	1	1	2	2	2	3	4	4	4
	★	★	★		★	★			
历史学家	1	1	3	4	4	4	4	4	4
	★	★		★					
政治经济学家	2	2	2	3	3	3	3	3	3
	★	★	★			★			
社会工作者	2	2	3	4	4	3	4	4	4
	★	★					★		
法官和律师	1	1	3	4	3	3	4	4	4
	★	★							
公证人	2	2	3	4	4	3	4	4	4
	★	★		★				★	
图书管理专家	2	2	3	3	4	2	3	4	4
	★	★					★		

续　表

职业	一	二	三	四	五	六	七	八	九
职业指导者	2	2	3	4	4	3	4	4	4
	★	★						★	
大学教师	1	1	3	3	2	3	4	4	4
	★	★				★	★		
中学教师	2	2	3	4	3	3	4	4	4
	★	★	★					★	
小学和幼儿园教师	2	2	3	3	3	3	3	3	3
	★	★	★					★	
内、外、牙科医生	1	1	2	1	2	3	2	2	2
	★	★		★	★				
兽医学家	1	1	2	1	2	3	2	2	2
	★	★		★	★		★	★	
营养学家	2	2	2	3	3	3	4	4	4
	★	★	★				★		
药物实验技术专家	2	2	2	3	2	3	3	3	3
	★	★	★				★		★
画家、雕刻家	2	3	4	2	2	5	2	1	2
	★	★		★	★		★	★	★
产品设计师	2	2	3	2	2	4	2	2	2
	★	★		★	★			★	★
舞蹈家	2	3	3	2	3	4	2	3	3
	★	★		★				★	
播音员	2	2	3	4	4	3	4	4	4
	★	★							
作家和编辑	2	1	4	4	4	3	4	4	4
	★	★					★		
翻译人员	2	1	4	4	4	3	4	4	4
	★	★							
体育教练员	2	2	2	4	4	3	4	4	4
	★	★	★						
秘书	3	3	3	4	3	2	3	3	3
	★	★				★	★	★	★
商业经营管理人员	2	2	3	4	4	3	4	4	4
	★	★	★				★		
统计人员	3	3	2	4	3	2	3	3	4
	★		★			★	★		

【阅读资料1】

多元智能理论

多元智能理论是由美国哈佛大学教育研究院的心理发展学家加德纳（Gardner）在1983年提出的。加德纳在研究脑部受创伤的病人时发觉他们在学习能力上的差异，从而提出本理论。他认为，每个人都拥有八种主要智能：言语——语言智能、逻辑——数理智能、视觉——空间智能、身体——运动智能、节奏——音乐智能、交流——人际交往智能、自知——自省智能、自然探索智能。其基本内容如下。

语言智能

这种智能主要是指有效地运用口头语言及文字的能力，即听说读写能力，表现为个人能够顺利而高效地利用语言描述事件、表达思想并与人交流的能力。这种智能在作家、演说家、记者、编辑、节目主持人、播音员、律师等职业上有更加突出的表现。

数理智能

从事与数字有关工作的人特别需要有效运用数字和推理的智能。数理智能强的人学习时靠推理来进行思考，喜欢提出问题并执行实验以寻求答案，寻找事物的规律及逻辑顺序，对科学的新发展有兴趣。即使他人的言谈及行为也成了他们寻找逻辑缺陷的好地方，对可被测量、归类、分析的事物他们比较容易接受。

空间智能

这种智能强调人对色彩、线条、形状、形式、空间及它们之间关系的敏感性，感受、辨别、记忆、改变物体的空间关系并借此表达思想和情感的能力，表现为对线条、形状、结构、色彩和空间关系的敏感以及通过平面图形和立体造型将它们表现出来的能力，即能准确地感觉视觉空间，并把所知觉到的表现出来。空间智能强的人在学习时是用意象及图像来思考的。

空间智能可以划分为形象的空间智能和抽象的空间智能两种。形象的空间智能为画家的特长。抽象的空间智能为几何学家的特长。建筑学家形象和抽象的空间智能都较强。

运动智能

这种智能是运用整个身体来表达想法和感觉,以及运用双手灵巧地生产或改造事物的能力。运动智能强的人很难长时间坐着不动,喜欢动手建造东西,喜欢户外活动,与人谈话时常用手势或其他肢体语言。他们学习时是透过身体感觉来思考。运动员、舞蹈家、外科医生、手艺人都有这种智能优势。

音乐智能

这种智能主要是指人敏感地感知音调、旋律、节奏和音色等的能力,表现为个人对音乐节奏、音调、音色和旋律的敏感以及通过作曲、演奏和歌唱等表达音乐的能力。这种智能在作曲家、指挥家、歌唱家、乐师、乐器制作者、音乐评论家等人员身上都有出色的体现。

人际交往智能

这种智能是指能够有效地理解别人及其关系及与人交往的能力,包括四大要素:①组织能力,包括群体动员与协调的能力;②协商能力,指仲裁与排解纷争的能力;③分析能力,指能够敏锐察知他人的情感动向与想法,易与他人建立密切关系的能力;④人际联系,指对他人表现出关心,善体人意,适应团体合作的能力。

自省智能

这种智能主要是指认识到自己的能力,正确把握自己的长处和短处,把握自己的情绪、意向、动机、欲望,对自己的生活有规划、自尊、自律,会学习他人的长处,会从各种回馈渠道中了解自己的优劣,常静思以规划自己的人生目标,爱独处,以深入自我的方式来思考,喜欢独立工作,有自我选择的空间。自省智能在优秀的政治家、哲学家、心理学家、教师等人员身上都有出色的体现。

自省智能可以划分为两个层次:事件层次和价值层次。事件层次的自省指向对于事件成败的总结。价值层次的自省指将事件的成败和价值观联系起来自审。

自然探索智能

这种智能指认识植物、动物和其他自然环境(如云和石头)的能力。自然探索智能强的人,在打猎、耕作、生物科学上的表现较为突出。自然探索智能应当进一步归结为探索智能,包括对于社会的探索和对于自然的探索两个方面。

【阅读资料2】

职场必备的自我管理能力

在职场中不断提升自身能力对于职业生涯发展非常重要，下面列举了七项职场必备的自我管理能力，可供大家学习和参考。

1. 自我心态管理能力

自我心态管理是个人进行心态调整以达到实现自我人生目标、最大化地优化自我的一种行为。进行自我心态管理，随时调整自我心态，持续地保持积极的心态，不仅有利于提高工作效率，还有益于身心健康。

2. 自我形象管理能力

在职场中，得体的着装、合乎场景的商务礼仪，不仅可以让自己更有魅力，也是对他人的一种尊重。加强自身形象，自身修养，举动、谈吐等方面的形象管理，是每一个智慧职场达人的必修课。

3. 自我激励管理能力

自我激励是事业成功的推动力，人的一切行为都是受到激励而产生的，善于自我激励的人，能够通过不断的自我激励使自己有源源不断的前进的动力。

4. 自我时间管理能力

时间对于每个人来说都是公平的，但有的人每天手忙脚乱，有的人却能在有限的时间里有条不紊地完成大量的工作，并充分享受生活，其秘诀就在于自我时间管理。良好的时间管理会让人的工作更加高效率，更加条理清晰，忙中有序。

5. 自我人际管理能力

人的生命永远不孤立，社会生活中的人，为了传达思想、交换意见、表达感情，就需要与他人进行沟通和交往，这种沟通和交往的行为就叫人际交往。人际交往能力就是管理中的软实力，有好的人际交往能力的人往往能四两拨千斤地平衡各方面的利益，从而更好地实现管理目标。

6. 自我学习管理能力

学习是人类生存与发展的推动力，一切知识和能力都是从学习和实践中来的。人最核心的能力就是学习能力。在当今这个竞争激烈的时代，学习如逆水行舟，不进则退。不断学习是保持竞争优势的唯一方法。

7. 自我反省管理能力

吾日三省吾身。反省是成功的加速器，经常反省自己，可以对事物有清晰的判断，对自己有理性的认识。自我反省是工作的一个重要组成部分，不断地检查自己行为中的不足，及时反思改正，才能不断地完善自我。

资料来源：廖满媛，孙兆华，王胜媛，等.成为更好的自己：生涯规划实战体验手册[M].北京：清华大学出版社，2020：52.

【典例延展】

夜空中最亮的星

（何星辉）

"你是天的眼，让我们听见远空的呼唤，宇宙因你不再遥远……"踏平坎坷，22年铸就大国重器，南仁东在生命最后关头奋力一搏，打开了"天之眼"，却又匆匆化作星辰而去，留下遗诗言志。"感官安宁，万籁无声。美丽的宇宙太空以它的神秘和绚丽，召唤我们踏过平庸，进入它无垠的广袤……"

逝世两年之后，南仁东被授予"人民科学家"国家荣誉称号。在群山之间，在贵州的大窝凼里，他犀利的眼神化身巡天的利刃，追寻着那浩瀚的天际，在茫茫宇宙里探索着未知。发现近200颗优质脉冲星候选体，首次捕捉到重复爆发的快速射电暴……调试3年间，FAST（500米口径球面射电望远镜）的出色表现，足以告慰南仁东的在天之灵。如今，一波又一波的科研人员坚守在大山深处，他们继承了南仁东的遗志，继续看护FAST。

身上有股常人少有的"狠劲"

"深切缅怀敬爱的南老师……"9月15日晚，正逢南仁东逝世两周年忌日，张蜀新在微信中发了几张南仁东的老照片。那是南仁东留下的工作瞬间，为数不多却弥足珍贵。流传最广的一张是南仁东站在FAST圈梁上，戴着蓝色头盔侧身回望，那眼神，犀利、坚毅。

身为FAST工程副经理兼办公室主任的张蜀新也是一位摄影行家。在并肩作战的无数个日日夜夜，一个偶然的机会，不经意间，抬手"咔嚓"一声，张蜀新拍下了一个传神的南仁东。

在人生的最后22年，如果没有踏平坎坷的决绝，南仁东不可能完成这个看似空中楼阁的浩大工程。在 FAST 项目现任总工程师姜鹏的印象中，为了 FAST，这个执拗的老头几乎没为任何事低过头。

1993 年，国际无线电科学（联盟）大会在日本东京召开。科学家们商议的是，要在全球电波环境恶化到不可收拾之前，建造新一代射电望远镜。南仁东忍不住敲开中国参会代表的门："咱们也建一个吧！"

当年，中国最大的射电望远镜口径为 25 米，而要建一个 500 米口径的射电望远镜，在全世界都独一无二。抛开昂贵的造价不说，去哪里找一个合适的地方呢？在多少人看来，这样的想法"不可思议"。

南仁东却我行我素。从 1994 年到 2005 年的 11 年间，他坐着绿皮火车，"咣当咣当"一趟趟前往贵州，一头扎进乱石密布的喀斯特山区。踏遍几十个候选窝凼，在贵州平塘，直到四面环山的大窝凼出现在眼前，南仁东才停下了脚步。

选址，论证，立项，建设，没有人知道南仁东到底吃了多少苦、受了多少委屈。可在团队面前，他永远是一个硬杠杠的汉子。爬坡上坎，每每见有人上前搀扶，他都会毫不犹豫地甩开别人。干起活来，身上永远有一股年轻人都少有的"狠劲"。

2011 年，开工建设没多久，FAST 就遇到了致命难题：要造一口这么大的"锅"，市面上的钢索无法满足施工要求。南仁东二话不说，亲自上阵奋战 700 多天，在经历近百次的失败实验后，才解决了索网疲劳问题。

遇山开路，逢水搭桥，没有成熟的经验可以借鉴，南仁东带领他的团队一步一个脚印，最终建成了举世瞩目的大国重器。

2016 年 9 月 25 日，FAST 落成。

工人的事他都记在心里

FAST 是一个庞大的工程，涉及天文学、力学、机械工程和岩土工程等各个领域，在每一个领域几乎都是开创性的工作。曾担任南仁东助理的姜鹏觉得奇怪，都说术业有专攻，偏偏南仁东什么都懂，没有哪个环节能"忽悠"他，似乎他就是为这个项目而生的。

南仁东甚至笑纳了别人送他的"天才帽子"。一次和张蜀新的闲聊，他掏了心窝："你以为我是天生什么都懂吗？其实我每天都在学。"

然而，天妒英才，就在FAST建成一周年前夕，罹患肺癌的南仁东悄然驾鹤西去。

因为在南仁东出国治病之前，没能见上最后一面，姜鹏至今心存遗憾。刚得病时，南仁东就说过："如果有一天我真的不行了，我就躲得远远的，不让你们看见我。"姜鹏原以为这只是一句玩笑话，没想到一语成谶。

据说，在遥远的古代，大象在生命的最后时光会悄悄离开象群，独自在某个地方，等待那个时刻的降临。一生刚强的南仁东也选择了这种特殊的告别方式。

苍天、星空、宇宙、永恒……这些宏大空灵的字眼放在南仁东的身上总是让人觉得恰如其分。纵观他的一生，波澜壮阔，大开大合，一如浩瀚之苍穹、巍峨之群山。

高山仰止，却并非高高在上。在FAST施工期间，得知工人们来自云南的贫困山区，家里都非常困难，南仁东悄悄打电话给现场工程师雷政，请他了解每个工人的身高、腰围、鞋码等情况。当他第二次来到工地时，随身带了一个大箱子。当晚，他提着箱子去了工人的宿舍。打开箱子，里面都是为工人量身买的T恤、休闲裤和鞋子。"这是我跟老伴去市场挑的，很便宜，大伙别嫌弃……"回来的路上，南仁东对雷政说："他们都太不容易了。"

更早的时候，在去大窝凼的路上，南仁东遇到放学的孩子，见他们衣衫单薄，回到北京后，他给当地干部写信，随信附上转给贫困孩子的500元。此后，连着寄了四五年，资助了七八个学生。

"他有些品质我永远也学不会，比如怜悯之心，我可能永远也做不到他那么善良。"姜鹏说，他同情弱者，愿意以弱势群体的角度审视这个世界。"很难想象一个大科学家在简陋的工棚里与工人聊着家长里短，他还记得许多工人的名字，知道他们干哪个工种，知道他们的收入，知道他们家里的琐事。"

给FAST人留下宝贵的精神财富

"调试工作推进到这个节点上，现在最想听的就是您的评论，哪怕只有一句话也可以。也可能我只是想念您的声音。以往跟您在一起的时候，都是您说我听。今天我说的这点儿话，算成数据量可能也就1kB多点儿。您一定也有很多话想对我们说吧，我不知道FAST从太空接收的5PB数据里会不会有您惯常的声音。如果有的话，我们一定不会错过。"

这是南仁东去世后，FAST调试组副组长甘恒谦写给他的"信"。片言只语，满屏哀思，读来让人动容。

调试3年来，FAST的出色表现足以告慰南仁东的在天之灵。截至目前，FAST已发现近200颗优质脉冲星候选体，其中有100多颗已被确认为新发现的脉冲星；还首次捕捉到了距离地球约30亿光年的神秘射电信号——多次重复爆发的快速射电暴。作为目前世界上最大单口径、最灵敏的射电望远镜，FAST在灵敏度和综合性能上比德国波恩100米望远镜和美国阿雷西博350米望远镜分别提高了10倍，而且覆盖了当今射电天文的三大主流热点方向：宇宙演化、探测脉冲星和星际分子。可以预见，在正式投入使用后，FAST将以高灵敏度巡视宇宙中的中性氢、观测脉冲星、探测星际分子，甚至还可能搜寻地外生命，也就是人们朝思暮想的"外星人"发出的星际通信信号。

不夸张地说，是南仁东为中国开启了射电天文学10年至20年的"黄金期"。

可喜的是，更多的后来者守护着FAST。FAST调试组成员黄琳说："每当我们遇到困境，就会仰望满天繁星，想想南老爷子的付出和心血，就没有什么过不去的坎了，也没有什么解决不了的问题。"

FAST调试组成员郑云勇讲过一个小插曲。一个炎热的下午，当调试好的多波束和下平台同时运行时，立即出现报警现象。正值调试关键时期，当晚还有观测计划，这下可把大家急坏了。同志们关在蒸笼一样的馈源舱里，不管白天酷热难耐，也不顾天黑升舱的安全风险，忙活了七八个小时，有人还中暑了，可谁也没有怨言，直到最终排除了故障。郑云勇说："那一刻我明白了，这就是咱们FAST人的精神，是南老师留给大家的财富！"

八字胡、戴眼镜、小个头、一身工服……如今，南仁东的塑像伫立在贵州大窝凼：他仿佛正在和同事们讨论，左手插兜，右手在图纸上指点。塑像凝固了南仁东在 FAST 工作的一个瞬间，更凝聚着中国科学家的梦想、执着和忠诚，记录着他们为国家和民族不断超越、永不停歇的逐梦姿态和奋斗精神。

"感官安宁，万籁无声。美丽的宇宙太空，以它的神秘和绚丽，召唤我们踏过平庸进入到无垠的广袤……"南仁东用诗一般的语言带给人们无限憧憬。此时，天上的那颗"南仁东星"正熠熠生辉。

资料来源：中国科技网（http://www.stdaily.com/zhuanti/ghgry/2019-11/11/content_813139.shtml）。

专题五　价值观探索

——我最看重什么？

05

专题五 价值观探索——我最看重什么？

【探究项目1】

我的生涯涂鸦

（1）在空白纸上画出自己期待的职业状态（准备彩笔，无须文字）：

在什么地方？和谁在一起？做什么工作？周围的环境怎么样？一天的时间怎么分配？……

（2）分享交流。

_____的生涯涂鸦

【探究项目2】

价值观大拍卖

第一步：准备拍卖锤，进行分组，选出拍卖师。

第二步：假设你们正在参加一次有关工作价值观的拍卖会，请在工作价值拍卖清单中根据这些工作价值在自己心目中的优先地位排序，1表示最重视，11表示最不重视，填在表中的第一栏内。

第三步：假设你手里有10万元，对于各个工作价值项目，你愿意花多少钱买？请将自己预估的数额填写在表中第二栏内。

工作价值拍卖清单见下表。

工作价值项目	顺位	预估价	成交价	得标人
1. 物质保障				
2. 成就				
3. 名誉				
4. 独立自主				
5. 服务他人				
6. 多样性				
7. 创造性				
8. 挑战性				
9. 人际交往				
10. 担当责任				
11. 发展与成长				

第四步：拍卖师起拍。

（1）拍卖时，如想对某一项出价，起价不得少于1万元，叫价三次若无人加价则价高者得。

（2）叫价者必须举手经同意站起来，然后大声报出价格，否则叫价视为无效。

（3）若多人同时出最高价抢拍同一物品，则启动竞争模式：速度大竞拍、石头剪刀布。

（4）竞拍物品出价三次无他人叫价则成交，并转入下一物品；卖出货品概不退换，也不可二手转卖。

（5）有效利用自己手中的金钱，尽可能买更多的东西或者自己认为最需要的东西。

（6）金钱用完或者所剩金钱不足以购买竞拍物品，则自动退出竞拍。

第五步：思考、交流。

（1）你是否买到了自己认为最重要的工作价值项目？

①如果是，买到时的心情如何？

②如果不是，因何故没有买到？没有买到的心情如何？

③你最想买的项目是什么？其背后隐含的价值观是什么？为什么它对你而言那么重要？

（2）有些人什么都没有买到，为什么？

（3）参与拍卖活动时，你的心态如何？

①你所买的项目是否都是自己喜欢的？还是在赌气或不得已的情况下买的？

②在拍卖的过程中，你的心情是紧张的，兴奋的，还是……

【阅读资料1】

职业价值观分类

职业价值观是人生目标和人生态度在职业选择方面的具体表现，也就是一个人对职业的认识和态度以及他对职业目标的追求。国内外关于职业价值观的分类有多种阐释，其中较具代表性和社会普遍认可的是美国心理学家洛特克在《人类价值观的本质》中提出的13种职业价值观。

（1）利他主义：总是为他人着想，把直接为大众的愉悦和利益尽一份力作为自我的追求。

（2）审美主义：能不断地追求美的东西，得到美感的享受。

（3）智力刺激：能不断地进行智力开发、动脑思考、领悟和探索新事物，解决新问题。

（4）成就动机：能不断创新、不断取得成就、不断得到领导和同事的赞扬或不断完成自己想要做的事。

（5）自主独立：能够充分发挥自我的独立性和主动性，按自我的方式、想法去做，不受他人干扰。

（6）社会地位：所从事的工作在人们的心目中有较高的社会地位，从而使自我得到他人的重视与尊敬。

（7）权力控制：能获得对他人或某事的管理权，能指挥和调遣必需范围内的人或事物。

（8）经济报酬：能获得优厚的报酬，使自我有足够的财力去获得自己想要的东西，使生活过得较为富足。

（9）社会交往：能和各种人交往，建立比较广泛的社会联系和关联，甚至能和知名人物结识。

（10）安全稳定：不论自己的能力怎样，都能在工作中有一个安稳的局面，不会因为奖金、工资、工作调动或领导训斥等而经常提心吊胆、心烦意乱。

（11）简单舒适：将工作作为一种消遣、休息或享受的形式，追求比较舒适、简单、自由、优越的工作条件和环境。

（12）人际关系：一起工作的大多数同事和领导人品好，在一起相处感到愉快、自然。

（13）追求新意：工作的内容经常变换，使工作和生活显得丰富多彩，不单调枯燥。

【阅读资料2】

真实价值观澄清

根据前面价值观的探索，根据你所选择的价值观，且依据你拟选择从事的职业，尝试按照下列由美国教育家罗伊斯·拉斯（Louis Raths）提出的真实价值观澄清的步骤，对七个问题逐一进行思考和体验，以获得更好的工作和生活的精神世界和持久的动力。

价值观澄清七步骤见下表。

步骤	具体内容
选择	它是你自由选择的，没有来自任何人或任何方面的压力吗？ 它是你从众多价值观中挑选出来的吗？ 它是在你思考了所做选择的结果后被挑选出来的吗？
珍视	你是否珍爱你的价值观，或者为你的选择感到自豪？ 你愿意公开向其他人承认你的价值观吗？
行动	你会用行动来支持你的感受和信念吗？ 你是否始终如一地根据你的感受和信念来行动？

【典例延展】

用生命托起大山的希望

（吴燕）

"自然击你以风雪，你报之以歌唱。命运置你于危崖，你馈人间以芬芳。她的故事，值得你讲给孩子听。"这是2月17日"感动中国2020年度人物"颁奖晚会上，感动中国组委会给张桂梅的颁奖词。

在云南省华坪县，张桂梅的故事已经家喻户晓。全国脱贫攻坚楷模、感动中国2020年度人物、全国优秀共产党员、时代楷模张桂梅，是全国第一所全免费女子高中——华坪女子高级中学（以下简称华坪女高）的校长。她常说："女孩子受教育，可以改变三代人。"她教会了大山里的女孩用知识改变命运，她用教育扶贫阻断了贫困的代际传递。

"用知识改变贫困山区女孩的命运"

张桂梅年轻时也是个爱美的姑娘，她与丈夫在大理的一所中学幸福地工作、生活。还未等到张桂梅怀孕生子，她的丈夫便因癌症去世。为逃离伤心地，她申请调到了边远的丽江市华坪县民族中学。然而就在第二年，张桂梅被查出患有子宫肌瘤，需要立即住院治疗。为了给丈夫治病，张桂梅的全部积蓄已经花完，根本没有钱为自己治病。当时的她想要放弃治疗，听天由命。但是，学校的教职工和华坪的乡亲们不同意，他们得知消息后纷纷给张桂梅捐款。看着大家5块、10块地给自己凑钱，张桂梅眼泪抑制不住地往下流，因为她知道很多家长给孩子交学费的钱都是钢镚和角票。无数人的关心和温暖点燃了张桂梅的斗志和热情："这片土地上的父老乡亲救了我，给了我第二次生命，我要用自己的生命来报答这片热土，报答父老乡亲们！"

病好后，张桂梅把全部精力都放在了教学工作上，她对每一个学生都十分关心。渐渐地，她发现学校里几乎每个班都是男生多女生少，"一些女生读着读着就不见了"。很多贫困家庭的女孩子早早辍学，或帮父母种地，或外出打工，甚至早早嫁人换取彩礼。"家访中我了解到，这些女孩子其实是非常想读书的，但是她们贫困的家庭和父母落后的思想却不给她们读书的机会。"张桂梅说："如果她们有一个有文化、有责任感的父母，她们就不会辍学，如果这些女孩子辍学了，很可能将来她们的孩子还会重复她们的命运。当时我就想办一所免费的女子高中，我想让这些贫困家庭的女孩子通过知识改变命运，彻底阻断贫困在低素质母亲与低素质孩子间的恶性循环。"

从此，张桂梅开始为这所理想中的学校奔走呼吁。凭她一己之力创办一所女子高中，还是全免费，责任之大，困难之多，让人难以想象。身边的人都婉言劝她放弃，可她却信心满满地说："我知道困难肯定很多，贫困女孩儿的教育问题不解决，全面小康就没指望。这件事就算再苦再难，我也要做！"

2008年9月，在各级党委、政府和各界爱心人士的鼎力支持下，华坪女高终于建成，张桂梅被任命为该校党支部书记、校长。

"党员要守住这块教育扶贫的阵地"

华坪女高刚建成时，只有一栋孤单的教学楼，没有围墙，没有宿舍，没有食堂，也没有厕所，更没有保安。为了学生的安全，每天晚上张桂梅带着女教师住进由教室改成的学生宿舍陪着学生过夜，男教师则在楼梯间用砖头和木板搭建起简易的床铺，轮流值守。由于条件非常艰苦，当时17名教职员工中有9名相继辞职离开，100名学生中也有6名提出转学。社会各界开始质疑学校能否办得下去，校园内也人心惶惶，教师们担心万一哪天学校办不下去了，又该何去何从。

张桂梅坚定地鼓励大家："我们留下来的8名教师中有6名是共产党员。战争年代只要党员在，阵地就会在，今天只要我们在，就会守住这块教育扶贫的阵地。"在张桂梅的带领和感召下，华坪女高的教师教书育人的信念坚定了，战胜困难的决心增强了，心齐了，队伍稳了，精气神迸发出来了。

为了让到华坪女高读书的孩子不再辍学，也为了让更多女孩子走进华坪女高读书，张桂梅经常进行家访。前些年，许多村寨还没有完全通公路，往往走访一家就要走好几个小时的山路，严重的类风湿、骨质疏松、肺病和过度劳累导致张桂梅几次晕倒在路上。

有一次，张桂梅在和同事一起去家访的途中下起了大雨，一打听要家访的那个孩子的住址，还需要翻山过河走两个多小时才能到。望着眼前雨帘中的高山和泥泞的土路，同事劝她别去了，但张桂梅转身就向指路人手指的方向一脚深一脚浅地走去。过河时她摔了一跤，同事问她摔伤没有，她说没事。直到几天后，同事发现咳嗽不停的她脸色不对劲，强制送她去医院检查，才知道她右侧第七、八根肋骨断裂，肺部也感染了。看着检查结果，在场的人都哭了。

长年累月的工作使张桂梅身体每况愈下，每天都要吃大量的药。现在的她上下楼梯都要扶着扶手一点一点挪动，因为稍微用力就可能碰到胳膊上的包块骨刺。病痛已经让她无法继续站在讲台上授课，但她仍然每天早晨5点准时起床，挨个摁亮楼道里的灯，提着喇叭喊学生晨读，晚上12点检查完所有的教室后她才休息。

"为多救助一个不幸的孩子我怎么做都值"

从2001年3月起，张桂梅一边当教师，一边义务当上了华坪县儿童之家的院长，成了众多孤儿的"妈妈"。这些孤儿年龄从2岁到12岁不等，院子里经常哭声一片，搅得左邻右舍都睡不着觉。张桂梅只能抱着孩子满院子走。一些孩子不会上卫生间，经常弄得床上、裤子里都是大小便，她和工作人员就不停地擦洗。一些孩子体质弱常生病，她就常在医院和学校之间来回奔波。"想想那个时候，都不知道怎么过来的！"回忆往事，张桂梅很是感叹。

后来，儿童之家的经费越来越短缺。"孩子们的吃喝拉撒开支越来越大，我这个义务院长应该怎么办呢？"为了贴补经费，张桂梅带着孩子帮附近的店铺卖过鞋，也卖过花，还把慈善机构捐给孩子们的玩具变卖换成了钱用来交学费。2003年至2007年的寒暑假，张桂梅到昆明走街串巷地搞募捐，见人就发资料，她被人吐过口水，被人辱骂过，募捐到的钱却屈指可数。对此，她毫不在意："能多救助一个就多救助一个，为了能多救助一个不幸的孩子，我怎么做都值！"

张桂梅吃穿用都很简朴，多年以来，她把节省下来的工资、奖金共计100多万元，都用来捐助教育和儿童福利事业。为了给寒冬腊月里发高烧的男生保暖，她把丈夫留下来的珍贵的毛背心送给了他；为了省下钱来资助学生，她戒掉了肉食，常年吃素；为了回报和她并肩作战的华坪女高的教师，她把数年来领取的劳模慰问金全部用作教师的教学奖励金，可她自己却连一袋牛奶都舍不得喝。

2007年，张桂梅要到北京参加党的十七大，华坪县、委县政府的领导看到张桂梅衣着朴素，特意拨了几千块钱给张桂梅，让她去购置一套正装用于参会，并叮嘱她把剩下的钱带在身上，路上也方便些。看着儿童之家简陋的办公环境，她想都没想，就把这笔钱"挪用"给儿童之家买了一台电脑。

钱花完了，参会的正装却没了着落。其实张桂梅也觉得穿着自己那些旧衣服参会不妥，便花了200元钱买了一件西装上衣，搭着一条平时常穿的牛仔裤便进京了。会议期间的一天早晨，张桂梅匆匆赶往会场，同行的一个人压低声音对她说："你摸摸你的裤子。"张桂梅觉得很奇怪，伸手往后一摸，顿时羞得满脸通红。牛仔裤不知什么时候破了两个洞，而她那件西装上衣太短，没遮住。她感到很害羞，自己平时穿的裤子不知什么时候已经破了，而且早不破晚不破，偏偏在这么重要的场合让自己出糗。

细心的人会注意到，在全国脱贫攻坚总结表彰大会上，张桂梅坐着轮椅接受表彰时所穿的外套和几天前在"感动中国2020年度人物"颁奖盛典上穿的是同一件。一件外套参加几场盛典，没有人觉得她很穷，反而觉得她是那么富有。

资料来源：中国纪检监察报（https://jjjcb.ccdi.gov.cn/epaper/index.html?guid=1408265982400528385，2021-03-15）。

专题六　工作世界探索

——真实外部环境怎样？

06

【探究项目1】

了解专业学科

你了解你所读专业的特点吗？请通过查阅资料、咨询他人等方式，回答你的专业"十问"吧！（小组头脑风暴，制作思维导图）

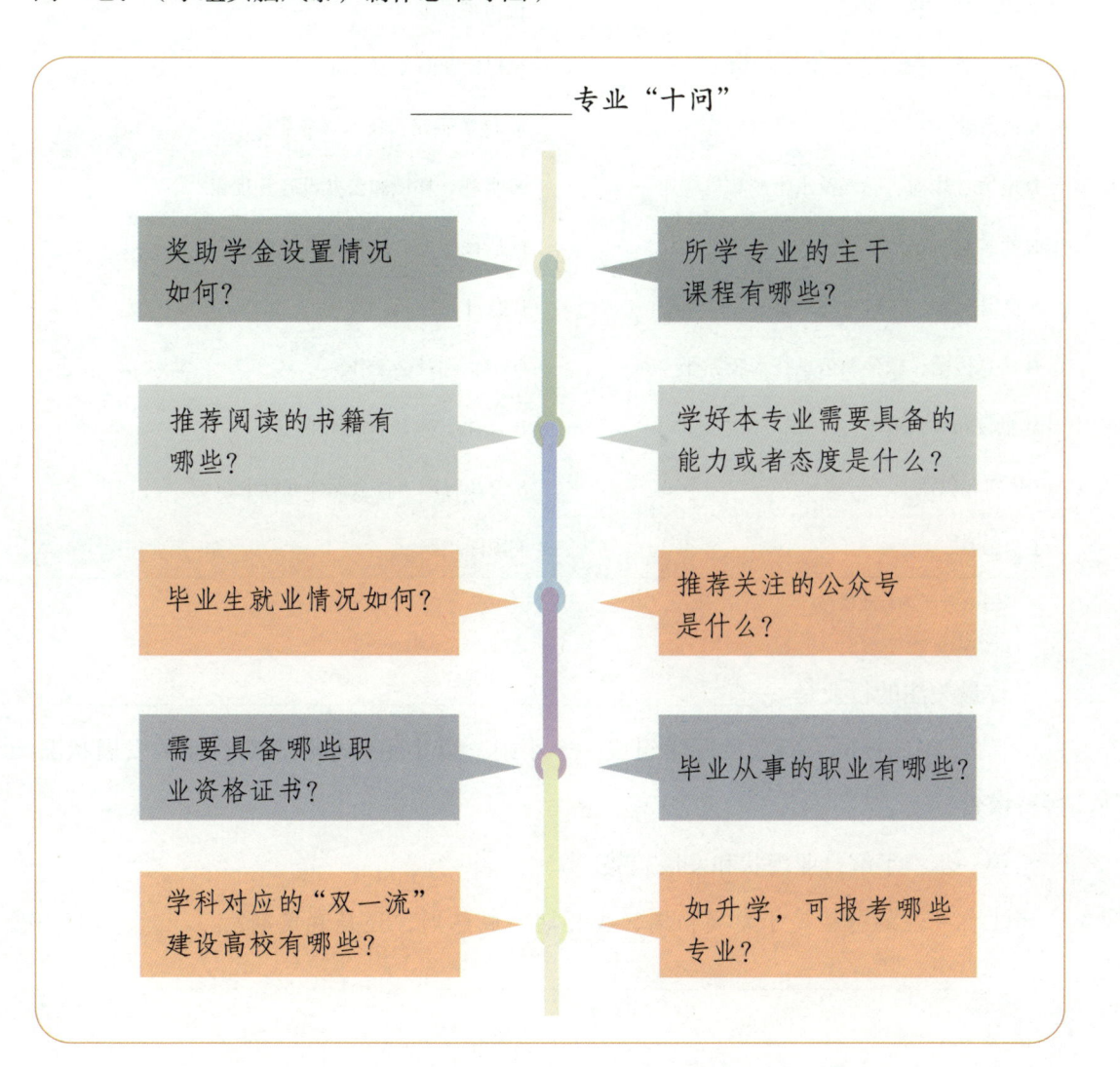

_____专业"十问"

- 奖助学金设置情况如何？
- 所学专业的主干课程有哪些？
- 推荐阅读的书籍有哪些？
- 学好本专业需要具备的能力或者态度是什么？
- 毕业生就业情况如何？
- 推荐关注的公众号是什么？
- 需要具备哪些职业资格证书？
- 毕业从事的职业有哪些？
- 学科对应的"双一流"建设高校有哪些？
- 如升学，可报考哪些专业？

【探究项目2】

探索行业企业

（1）参考国民经济行业分类（见下表），通过查阅资料，结合自身了解，选定一个最关注的行业。

A 农、林、牧、渔业	K 房地产业
B 采矿业	L 租赁和商务服务业
C 制造业	M 科学研究和技术服务业
D 电力、热力、燃气及水生产和供应业	N 水利、环境和公共设施管理业
E 建筑业	O 居民服务、修理和其他服务业
F 交通运输、仓储和邮政业	P 教育
G 信息传输、软件和信息技术服务业	Q 卫生和社会工作
H 批发和零售业	R 文化、体育和娱乐业
I 住宿和餐饮业	S 公共管理、社会保障和社会组织
J 金融业	T 国际组织

注：A～T为行业代码。

你最关注的行业是＿＿＿＿＿＿＿＿＿＿＿＿＿＿＿＿＿＿＿＿＿＿＿＿＿＿

（2）将选择同一行业的同学组成一个小组，以小组为单位，对行业的发展状况进行探索。

第一步：了解行业现状和发展趋势。

①你关注的行业处于发展初期、成长期、成熟期，还是衰退期？

＿＿＿＿＿＿＿＿＿＿＿＿＿＿＿＿＿＿＿＿＿＿＿＿＿＿＿＿＿＿＿＿＿＿＿＿

＿＿＿＿＿＿＿＿＿＿＿＿＿＿＿＿＿＿＿＿＿＿＿＿＿＿＿＿＿＿＿＿＿＿＿＿

②你关注的行业，近两年的热点是什么？

_____

_____

③你关注的行业，在不远的将来会有什么变化？趋势和发展方向是什么？

_____

_____

④你关注的行业，目前面临的痛点是什么？

_____

_____

第二步：了解国家政策影响。

①你关注的行业，现有的国家政策怎么样？

_____

_____

_____

②你关注的行业，未来会有什么政策？对该行业有什么影响？

_____

_____

第三步：了解行业人才需求和要求。

①你关注的行业，现在需要什么样的人才？将来呢？

_____

_____

②你关注的行业，人才供给情况怎么样？

_____

③你关注的行业，对人才的需求是增长还是减少？

_____

④你关注的行业，对人才的能力和素质的要求是什么？

_____

⑤你关注的行业，有哪些热门的职业？（至少列举五个）

_____

_____

第四步：了解行业的典型企业。

①你关注的行业，有哪些标杆企业？（至少列举三个）

_____

②标杆企业现在的产品或服务的动向是什么？

_____

③标杆企业本身有什么动向？

_____

第五步：进行总体评价。

通过上述分析，你对该行业的总体评价：_____

_____

_____

【探究项目3】

单位信息清单

结合自身情况，选 1～2 家感兴趣的用人单位，独立完成"用人单位信息清单"。

单位名称 1：_____

要点	内容	是否满足自己的需求
单位类型		□是　□否
单位产品或服务		□是　□否
行业地位		□是　□否
组织文化		□是　□否
制度政策		□是　□否
发展阶段		□是　□否
人员结构		□是　□否
人际关系		□是　□否
招聘职位		□是　□否
工作环境		□是　□否
工作时间		□是　□否
工作待遇		□是　□否
专业背景		□是　□否
资格证书		□是　□否
招聘词频		□是　□否
晋升机制		□是　□否
社会评价		□是　□否

（可自行补充其他信息）

单位名称2：_____

要点	内容	是否满足自己的需求
单位类型		□是 □否
单位产品或服务		□是 □否
行业地位		□是 □否
组织文化		□是 □否
制度政策		□是 □否
发展阶段		□是 □否
人员结构		□是 □否
人际关系		□是 □否
招聘职位		□是 □否
工作环境		□是 □否
工作时间		□是 □否
工作待遇		□是 □否
专业背景		□是 □否
资格证书		□是 □否
招聘词频		□是 □否
晋升机制		□是 □否
社会评价		□是 □否

（可自行补充其他信息）

【探究项目4】

职业生涯人物访谈

第一步：根据职业意向组成访谈小组（亦可独立进行）。

第二步：选取合适的访谈对象。

第三步：选定访谈方式，如面对面访谈、电话访谈或书面访谈等。

第四步：参考下列访谈提纲，进行生涯人物访谈。

第五步：整理访谈结果。

访谈问卷

被访者基本信息：

姓　　名：_____　性　　别：_____　联系方式：_____

毕业院校：_____　所读专业：_____　毕业时间：_____

工作单位：_____　工作岗位：_____　工作地域：_____

访谈提纲（仅供参考）：

1. 您是如何找到这份工作的？
2. 您当初为什么选择这个职业？
3. 在这份工作中，您通常每天都做些什么？工作重点是什么？
4. 该工作需要什么样的教育或培训背景？
5. 该工作需要具备哪些知识、技能或经验？
6. 我现在可以通过什么方式提高这些能力，以便日后进入该行业？
7. 就您的工作而言，您最喜欢什么？最不喜欢什么？
8. 该工作的哪部分让您最满意？哪部分最有挑战性？
9. 该工作的收入的阶梯如何？
10. 您通过什么渠道提升自己？迄今为止，您参加过哪些培训或继续教育？
11. 您是如何看待该领域工作将来的变化趋势的？该工作对人才有什么新的能力要求？
12. 您能给我一些学习或就业方面的建议吗？

……

访谈人：

访谈时间：

【阅读资料1】

"双一流"建设高校及学科名单（2022年）

世界一流大学和世界一流学科，简称"双一流"，是中共中央、国务院做出的重大战略决策，也是中国高等教育领域继"211工程""985工程"之后的又一国家战略，有利于提升中国高等教育综合实力和国际竞争力，为实现"两个一百年"奋斗目标和实现中华民族伟大复兴的中国梦提供有力支撑。

（按学校代码排序）

北京大学：自主确定建设学科并自行公布

中国人民大学：哲学、理论经济学、应用经济学、法学、政治学、社会学、马克思主义理论、新闻传播学、中国史、统计学、工商管理、农林经济管理、公共管理、图书情报与档案管理

清华大学：自主确定建设学科并自行公布

北京交通大学：系统科学

北京工业大学：土木工程

北京航空航天大学：力学、仪器科学与技术、材料科学与工程、控制科学与工程、计算机科学与技术、交通运输工程、航空宇航科学与技术、软件工程

北京理工大学：物理学、材料科学与工程、控制科学与工程、兵器科学与技术

北京科技大学：科学技术史、材料科学与工程、冶金工程、矿业工程

北京化工大学：化学工程与技术

北京邮电大学：信息与通信工程、计算机科学与技术

中国农业大学：生物学、农业工程、食品科学与工程、作物学、农业资源与环境、植物保护、畜牧学、兽医学、草学

北京林业大学：风景园林学、林学

北京协和医学院：生物学、生物医学工程、临床医学、公共卫生与预防医学、药学

北京中医药大学：中医学、中西医结合、中药学

北京师范大学：哲学、教育学、心理学、中国语言文学、外国语言文学、中国史、数学、地理学、系统科学、生态学、环境科学与工程、戏剧与影视学

首都师范大学：数学

北京外国语大学：外国语言文学

中国传媒大学：新闻传播学、戏剧与影视学

中央财经大学：应用经济学

对外经济贸易大学：应用经济学

外交学院：政治学

中国人民公安大学：公安学

北京体育大学：体育学

中央音乐学院：音乐与舞蹈学

中国音乐学院：音乐与舞蹈学

中央美术学院：美术学、设计学

中央戏剧学院：戏剧与影视学

中央民族大学：民族学

中国政法大学：法学

南开大学：应用经济学、世界史、数学、化学、统计学、材料科学与工程

天津大学：化学、材料科学与工程、动力工程及工程热物理、化学工程与技术、管理科学与工程

天津工业大学：纺织科学与工程

天津医科大学：临床医学

天津中医药大学：中药学

华北电力大学：电气工程

河北工业大学：电气工程

山西大学：哲学、物理学

太原理工大学：化学工程与技术

内蒙古大学：生物学

辽宁大学：应用经济学

大连理工大学：力学、机械工程、化学工程与技术

东北大学：冶金工程、控制科学与工程

大连海事大学：交通运输工程

吉林大学：考古学、数学、物理学、化学、生物学、材料科学与工程

延边大学：外国语言文学

东北师范大学：马克思主义理论、教育学、世界史、化学、统计学、材料科学与工程

哈尔滨工业大学：力学、机械工程、材料科学与工程、控制科学与工程、计算机科学与技术、土木工程、航空宇航科学与技术、环境科学与工程

哈尔滨工程大学：船舶与海洋工程

东北农业大学：畜牧学

东北林业大学：林业工程、林学

复旦大学：哲学、应用经济学、政治学、马克思主义理论、中国语言文学、外国语言文学、中国史、数学、物理学、化学、生物学、生态学、材料科学与工程、环境科学与工程、基础医学、临床医学、公共卫生与预防医学、中西医结合、药学、集成电路科学与工程

同济大学：生物学、建筑学、土木工程、测绘科学与技术、环境科学与工程、城乡规划学、风景园林学、设计学

上海交通大学：数学、物理学、化学、生物学、机械工程、材料科学与工程、电子科学与技术、信息与通信工程、控制科学与工程、计算机科学与技术、土木工程、化学工程与技术、船舶与海洋工程、基础医学、临床医学、口腔医学、药学、工商管理

华东理工大学：化学、材料科学与工程、化学工程与技术

东华大学：材料科学与工程、纺织科学与工程

上海海洋大学：水产

上海中医药大学：中医学、中药学

华东师范大学：教育学、生态学、统计学

上海外国语大学：外国语言文学

上海财经大学：应用经济学

上海体育学院：体育学

上海音乐学院：音乐与舞蹈学

上海大学：机械工程

南京大学：哲学、理论经济学、中国语言文学、外国语言文学、物理学、化学、天文学、大气科学、地质学、生物学、材料科学与工程、计算机科学与技术、化学工程与技术、矿业工程、环境科学与工程、图书情报与档案管理

苏州大学：材料科学与工程

东南大学：机械工程、材料科学与工程、电子科学与技术、信息与通信工程、控制科学与工程、计算机科学与技术、建筑学、土木工程、交通运输工程、生物医学工程、风景园林学、艺术学理论

南京航空航天大学：力学、控制科学与工程、航空宇航科学与技术

南京理工大学：兵器科学与技术

中国矿业大学：矿业工程、安全科学与工程

南京邮电大学：电子科学与技术

河海大学：水利工程、环境科学与工程

江南大学：轻工技术与工程、食品科学与工程

南京林业大学：林业工程

南京信息工程大学：大气科学

南京农业大学：作物学、农业资源与环境

南京医科大学：公共卫生与预防医学

南京中医药大学：中药学

中国药科大学：中药学

南京师范大学：地理学

浙江大学：化学、生物学、生态学、机械工程、光学工程、材料科学与工程、动力工程及工程热物理、电气工程、控制科学与工程、计算机科学与技术、土木工程、农业工程、环境科学与工程、软件工程、园艺学、植物保护、基础医学、临床医学、药学、管理科学与工程、农林经济管理

中国美术学院：美术学

安徽大学：材料科学与工程

中国科学技术大学：数学、物理学、化学、天文学、地球物理学、生物学、科学技术史、材料科学与工程、计算机科学与技术、核科学与技术、安全科学与工程

合肥工业大学：管理科学与工程

厦门大学： 教育学、化学、海洋科学、生物学、生态学、统计学

福州大学： 化学

南昌大学： 材料科学与工程

山东大学： 中国语言文学、数学、化学、临床医学

中国海洋大学： 海洋科学、水产

中国石油大学（华东）： 地质资源与地质工程、石油与天然气工程

郑州大学： 化学、材料科学与工程、临床医学

河南大学： 生物学

武汉大学： 理论经济学、法学、马克思主义理论、化学、地球物理学、生物学、土木工程、水利工程、测绘科学与技术、口腔医学、图书情报与档案管理

华中科技大学： 机械工程、光学工程、材料科学与工程、动力工程及工程热物理、电气工程、计算机科学与技术、基础医学、临床医学、公共卫生与预防医学

中国地质大学（武汉）： 地质学、地质资源与地质工程

武汉理工大学： 材料科学与工程

华中农业大学： 生物学、园艺学、畜牧学、兽医学、农林经济管理

华中师范大学： 政治学、教育学、中国语言文学

中南财经政法大学： 法学

湘潭大学： 数学

湖南大学： 化学、机械工程、电气工程

中南大学： 数学、材料科学与工程、冶金工程、矿业工程、交通运输工程

湖南师范大学： 外国语言文学

中山大学： 哲学、数学、化学、生物学、生态学、材料科学与工程、电子科学与技术、基础医学、临床医学、药学、工商管理

暨南大学： 药学

华南理工大学： 化学、材料科学与工程、轻工技术与工程、食品科学与工程

华南农业大学： 作物学

广州医科大学： 临床医学

广州中医药大学： 中医学

华南师范大学： 物理学

海南大学： 作物学

广西大学：土木工程
四川大学：数学、化学、材料科学与工程、基础医学、口腔医学、护理学
重庆大学：机械工程、电气工程、土木工程
西南交通大学：交通运输工程
电子科技大学：电子科学与技术、信息与通信工程
西南石油大学：石油与天然气工程
成都理工大学：地质资源与地质工程
四川农业大学：作物学
成都中医药大学：中药学
西南大学：教育学、生物学
西南财经大学：应用经济学
贵州大学：植物保护
云南大学：民族学、生态学
西藏大学：生态学
西北大学：考古学、地质学
西安交通大学：力学、机械工程、材料科学与工程、动力工程及工程热物理、电气工程、控制科学与工程、管理科学与工程、工商管理
西北工业大学：机械工程、材料科学与工程、航空宇航科学与技术
西安电子科技大学：信息与通信工程、计算机科学与技术
长安大学：交通运输工程
西北农林科技大学：植物保护、畜牧学
陕西师范大学：中国语言文学
兰州大学：化学、大气科学、生态学、草学
青海大学：生态学
宁夏大学：化学工程与技术
新疆大学：马克思主义理论、化学、计算机科学与技术
石河子大学：化学工程与技术
中国矿业大学（北京）：矿业工程、安全科学与工程
中国石油大学（北京）：地质资源与地质工程、石油与天然气工程

中国地质大学（北京）：地质学、地质资源与地质工程

宁波大学：力学

南方科技大学：数学

上海科技大学：材料科学与工程

中国科学院大学：化学、材料科学与工程

国防科技大学：信息与通信工程、计算机科学与技术、航空宇航科学与技术、软件工程、管理科学与工程

海军军医大学：基础医学

空军军医大学：临床医学

【阅读资料 2】

2020 届本科毕业生就业情况

2020 届本科主要专业类毕业半年后的就业率：

本科专业名称	就业率（%）	本科专业名称	就业率（%）
管理科学与工程类	96.4	临床医学类	90.5
能源动力类	94.9	食品科学与工程类	90.3
物流管理与工程类	94.8	旅游管理类	89.9
电气类	94.0	数学类	89.8
护理学类	93.7	马克思主义理论类	89.7
土木类	93.5	公共管理类	89.5
安全科学与工程类	93.3	经济与贸易类	89.4
交通运输类	93.2	生物工程类	89.1
地理科学类	93.1	工商管理类	89.0
电子商务类	93.1	纺织类	88.7
药学类	92.3	统计学类	88.7
医学技术类	92.1	新闻传播学类	88.7
环境科学与工程类	91.9	矿业类	88.4
化工与制药类	91.8	体育学类	88.4
计算机类	91.7	设计学类	88.1
化学类	91.6	金融学类	88.0
轻工类	91.6	地质类	87.8
测绘类	91.5	外国语言文学类	87.8
电子信息类	91.5	中国语言文学类	87.5
材料类	91.4	物理学类	87.4
财政学类	91.4	经济学类	87.1
建筑类	91.3	戏剧与影视学类	86.1
机械类	91.2	历史学类	86.0
仪器类	91.1	音乐与舞蹈学类	85.5

续　表

本科专业名称	就业率（%）	本科专业名称	就业率（%）
教育学类	91.1	心理学类	84.7
自动化类	91.1	美术学类	84.5
社会学类	90.9	法学类	82.4
生物科学类	90.7		
全国本科			89.0

注：个别专业类因为样本较少，没有包括在内。

数据来源：麦可思－中国2020届大学毕业生培养质量跟踪评价。

2020届本科毕业生半年后就业率排前50位的主要专业：

专业名称	就业率（%）	专业名称	就业率就业率（%）
工程管理	97.3	软件工程	93.3
预防医学	96.8	建筑学	93.3
给排水科学与工程	96.3	建筑环境与能源应用工程	93.3
信息安全	96.1	安全工程	93.3
能源与动力工程	95.9	康复治疗学	93.3
物流工程	95.8	机械工程	93.2
微电子科学与工程	95.4	电子商务	93.2
水利水电工程	95.2	通信工程	93.1
数字媒体技术	94.9	小学教育	93.0
物流管理	94.6	土木工程	93.0
中药学	94.5	制药工程	93.0
地理科学	94.4	麻醉学	92.9
信息工程	94.4	人文地理与城乡规划	92.8
信息管理与信息系统	94.4	广告学	92.8
车辆工程	94.1	轻化工程	92.7
电气工程及其自动化	94.0	数字媒体艺术	92.7
药学	93.9	电子信息工程	92.7
交通运输	93.8	光电信息科学与工程	92.7
网络工程	93.8	材料科学与工程	92.7
工业工程	93.7	汽车服务工程	92.6
护理学	93.7	食品科学与工程	92.5
交通工程	93.6	医学影像学	92.5
医学检验技术	93.6	市场营销	92.5
机械电子工程	93.4	网络与新媒体	92.4
测绘工程	93.3	环境工程	92.4
		全国本科	89.0

注：毕业生规模过小的专业不包括在此排序中。

数据来源：麦可思－中国2020届大学毕业生培养质量跟踪评价。

【典例延展】

我国第一代航天员：杨利伟

（中国网专访）

中国网：从您的履历资料来看，最初您是一名空军飞行员，后来一步步成为我国第一代航天员，为什么会有这样的选择？

杨利伟：随着国家的发展和需要，我国在1992年启动了"921工程"，就是我们说的载人航天工程。到了1996年招第一批航天员的时候，实际上我想可能是每一个飞行员都梦寐以求的。当然作为我自己来讲更是这样，应该说我还是一个从小就非常向往飞行的人。知道这个消息之后，我就是义无反顾地去报名了，就像当年我去报考飞行员一样，参加了整个选拔的过程。最后经过层层选拔，走到航天员这个队伍当中来。

中国网：改革开放初期，我国航天事业的整体状况如何？

杨利伟：从最初"两弹一星"的时候，像钱学森、钱三强，这些老一辈的科学家，他们从国外义无反顾地回到国内，白手起家，建立起了我们国家航天的整个体系架构，发展到现在航天的一个大的概念。

中国网：载人航天事业是人类历史上非常复杂的系统工程之一。1992年，我国开始实施载人航天工程，并按"三步走"的发展战略实施。目前，已成功发射12艘飞船和天宫一号目标飞行器、天宫二号空间实验室，成功将11位航天员送入太空，实现了从无人飞行到载人飞行、从一人一天到多人多天、从空间出舱到交会对接、从单船飞行到组合体稳定运行等一系列重大跨越，谱写了一曲不畏艰险的开天壮歌。

中国网：我国载人航天工程刚起步的时候是一个什么样的水平？

杨利伟：载人航天基本上伴随着我们国家的改革开放的步伐一步步走来，应该说现在取得了辉煌的成就。这也得益于改革开放之后，我们国家的经济、科技、综合国力的提升。那个时候我们整个载人航天应该说基础并不是特别好，包括那个时候的经济也不是特别好。我记得当时立项的时候说我们要动用国库的黄金储备也要搞载人航天，就可以体现当时整个国家的经济发展还没有现在这么好。从技术力量上来讲，那个时候主要的基础还是咱们老一代的科学家。年轻的这些搞科研工作的人还不是特别多，比如像我们载人航天的老总师王永志，那个时候60岁参军，到部队来搞载人航天。

经过载人航天二十五六年的发展，现在应该说培养出了一批中青年领军人物。现在我们整个航天的中层领导和科研的主骨干大概在35岁左右，非常年轻。在我们跟国外的很多交往当中，当国外的很多专家看到我们国家的专家这么年轻的时候，也非常羡慕我们。

所以我想改革开放40年，我们不单单是在经济上、技术上，更多的在人才培养上取得了非常丰厚的成果。

中国网：刚刚起步的时候，对于当时我国的国情来说，最大的难题是什么？

杨利伟：我记得当时立项的时候听我们很多老一辈专家在讲，我们到底是走像美国一样的航天飞机的路子，还是走我们现在的这个飞船的路子。那个时候经过大量论证，后来还是选了走飞船的道路。从道路这个角度讲，当时也经过了很长时间的论证。现在回过头来看，当时的这种选择还是非常正确的，我们确实取得了很多突破和成绩。

刚才讲到了经济，从人才的储备到国家的经济力量，到我们这些方案方针的方向性的东西，对当时来讲还都是很困难的。当然也是经过大量调查研究和整个工作过程制订了"三步走"的计划。到现在我想整个过程还是非常正确的。

中国网：在那种条件下，老一辈的航天科研人员如何攻坚克难，一步一步走到现在？

杨利伟：我们整个的航天，包括载人航天，起步还是在这些老一辈科学家和科研人员基础上的，在他们手里逐步发展起来的。比如像我刚才讲到的，王永志总师60岁去参军，走到这个队伍当中来，开始搞载人航天。这样的例子比较多。在整个过程当中也发生了很多很感人的故事，包括我们现在搞飞船的老院长戚发轫院士，现在也都80多岁了，那个时候为了搞航天工程，他的老伴去世的时候他都没有守在身边。有很多这样的故事。在咱们老一辈科学家的身上体现了我们讲的载人航天精神，实际上包括我们最初的"两弹一星"的时候，"两弹一星"精神很好地体现了这种精神在我们工程中所起的一个很大的作用。

中国网：目前我国载人航天工程达到了什么样的水平？

杨利伟：从载人航天这个角度来讲，我们确实取得了非常辉煌的成绩。这26年来，我们把11位航天员送到了太空当中，解决了载人航天的三大基本技术——天地往返的技术、出舱的技术、交会对接的技术，为我们下一步的空间站打下了非常坚实的基础。

刚才讲到改革开放40年，我们取得很多成就，正是改革开放40年的发展才使我们国家的载人航天得以发展以及与航天强国的距离越来越近。我们现在也在讲，我们从跟跑向并跑靠近，将来我们也需要成为航天强国去领跑。

中国网：1998年1月5日，根据中国载人航天事业发展需要，中国人民解放军航天员大队正式成立，首批14名航天员入队。成立20年来，大队成功执行6次载人航天飞行任务，11名航天员遨游苍穹，为中国载人航天事业做出了突出贡献。航天员大队被中央军委授予"英雄航天员大队"荣誉称号，2017年7月荣立集体一等功。11名航天员先后被中共中央、国务院、中央军委授予"航天英雄""英雄航天员"荣誉称号，1人被授予"八一勋章"。2018年1月25日，中宣部向全社会公开发布航天员群体的先进事迹，授予他们"时代楷模"的荣誉称号。

中国网：我们知道航天员的选拔标准很严格，那您能不能给网友介绍一下选拔的过程和要求是什么样的？

杨利伟：航天员工作具有一定的特殊性，它的工作环境不适合人生存，带来了很多特殊性，这样就对人有些特殊要求。这些要求不单单来自生理，还有心理上、精神上的很多方面。所以我们从其他的行业或领域选拔航天员。比如说我们第一批、第二批航天员都是来自空军的飞行员，男航天员都是歼强击机飞行员，就是战斗机飞行员。女航天员是空军运输机飞行员。当然了，我们下一步对选拔范围还有更大的扩展。

我们大概从四个方面来选拔，一个是身体方面。大家都知道，航天员这个职业要求航天员有一个非常健康的身体。我们从身高到体重都有一些具体的要求。比如说第一批航天员身高从1米65到1米72，到了第二批，就把尺度放到1米75。将来随着航天器的改进，身高可能会更高。第二个是心理方面。实际上，我们整个工作处于高负荷、狭小空间的工作环境，这种环境要求你有一个很好的心理状态。所以心理也是我们选拔航天员的一项要求。此外，我们还要求有一个很好的精神状态。这是一个很宽泛的东西。我们还有一个要求是综合素质，这样就是通过这几方面来选拔航天员，都通过了之后，你才会成为一个能够加入这个队伍的预备航天员，就是你有资格来这儿学习，来到航天城学习了。

还有一种选拔，就是我们训练之后的航天员去执行任务，这个选拔是针对任务的一个选拔，它也通过这几项进行。当然这里边就有了专业的一些东西，除了依据你的身体、生理、心理，还有你的训练成绩，你的理论知识等。

中国网：当初您是如何经过层层考核，成为我国进入太空的首位航天员的？现在回想起来是不是还是印象深刻？

杨利伟：实际上这个选拔的过程，现在回想起来，还是一个蛮艰苦的过程。因为大家都非常向往这个职业，所以在那个时候真是像过五关斩六将一样。初选的时候，实际上我们可能自己还不知道的时候，一些选拔的专家们已经通过档案把我们过一遍了。我记得当时我们有900多人参与了初选，这900多人到全国各地空军的各大疗养院进行初检，大概剩了90个人，这就是10∶1。再经过专家的一轮工作之后，又从这90个人里选了60个人。这60个人我记得当时分了4批，一批15个人，来到北京进行临床的身体检查。

通过临床的检查之后剩下40个人，这40个人就来到了现在的航天员中心，进行与航天有关的检查。比如大家看到什么转椅、离心机呀，下体负压这套东西，进行这个检查。这个检查也大概历时一个月，当时分批了。经过这一轮之后，这40个人剩20个人。后来，对这20个人又进行了家访、政审，进行了家族史的考核考查，后来又把当时的一些家属都调到北京进行检查，这一轮下来就剩下我们后面的这些人了，就是我们当时的12个人，加上2个教员。这14个人在1998年1月5日成立了航天员大队。

中国网：在历史的飞行当中，您经历了两次惊心动魄的考验，这也给后来的研究提供了十分珍贵的数据和资料。那这两次考验你经历了什么？

杨利伟：首次飞行时未知的东西会多一点。我飞行的时候遇到了共振的问题，而且它是低频的，低频共振对人体内脏是有影响的。

人对10赫兹以下的低频是敏感的，当时恰恰就遇到了一个低频振动，它又叠加到一个过载的峰值上，所以我当时在上面觉得真的有一种要过去了的感觉。回来之后我就向我们工程院科研人员去反映这一段经历，到后来我们的飞船拉回北京，把这些数据提出来之后，就有这么一段和我说的时间完全吻合。这个时候我们就进行了攻关，大概历时一年多，基本上把这个问题解决了，到神舟七号的时候这个问题就一点没有了。不是说振动没有了，而是把这个振动频率避开了。

大家知道我们这个飞船上两边有两个悬窗，是看外边的。我们开始做无人的时候，进入大气层时，这个悬窗烧得很黑，人很难通过悬窗去看外边。我们落地的时候又需要看到外边，确认落地之后，才能去切降落伞。那这样的话，每一次都烧得很黑，所以在我飞行的时候，就涂了不同的涂层在上面，用来防烧。我也不知道。当返回进入大气层时，燃烧得很红很热，这个时候这个涂层就出现了裂纹。我在上面是不知道的，我以为这个悬窗裂了。因为2003年飞行的时候，哥伦比亚号航天飞机返回的时候，就是一个防热瓦出现裂缝，热量进去之后就解体了。因为不知道它是涂层，所以当我看到这个悬窗，看到它裂的时候，就非常紧张。就是类似这样的这个东西，我在第一次飞行当中是意想不到的，或者是有一些东西在地面是没有办法再现的。

从神舟五号到神舟六号，从技术各方面改进就有180多项。后面的工程也是一样，工程的发展是一个逐步完善的过程。

中国网：我国载人航天工程是在基础弱、门槛高这样的情况下启动的，但是仅仅20年，就敲开了建设空间站的大门。这样的情况其实不仅是航天技术成果的展现，也依赖于人的强大的精神。那您怎么诠释和理解载人航天精神？

杨利伟：我国载人航天从1992年立项到现在，26年的时间，应该说是从无到有，当然这个过程当中有我们近60年的航天发展基础。在这个过程当中，能够支撑着这些技术发展，还能够支撑它取得辉煌，我觉得决定因素还在人。刚才讲到了，我们很多老一辈的科学家，60岁了才开始起步做这项工作，包括这么多年又培养出了这么多年轻的骨干人员，靠的是什么？我觉得靠的还是一种精神的激励。我们讲载人航天精神是在2003年我飞行回来之后，当时胡总书记讲到"四个特别"。

从我个人理解来讲，它是爱国主义精神在这个领域或在这个职业上的一种具体体现。我们航天员大队到今年成立20周年了，这20年对我们航天员这个队伍来讲，有很多可歌可泣的故事，诠释了我们的载人航天精神。像神舟六号的航天员聂海胜，那个时候我记得他执行任务的时候，他的母亲已经脑出血卧床，他回去看他母亲。我记得海胜的弟弟就跟他讲："哥哥，你放心地去飞吧，我们一个尽忠，一个尽孝。"就是家人之间的这种鼓励，让你放下包袱去执行任务。你深层次想一想，就是这种东西不单单在航天人的身上，在家人的身上也能体会到，那完全是对一个国家工程的一种奉献。像我们神舟七号的航天员刘伯明，他母亲去世的时候家里人都没有告诉他，怕影响他的训练。当然我们知道了之后，给了他三天假，让他回去见了他母亲一面。但这件事情反映了这么多年来，包括航天人的家人、航天周边的一些支持人员，在他们身上的这种载人航天精神，比如航天员的吃苦精神、战斗精神。作为航天员，你选择了这个职业，实际就选择了担当。作为他的家人的这种奉献精神，也是载人航天精神在这个领域的一种具体体现。

很多人问我那个时候是怎么想的。实际上非常简单，我记得我去执行任务的时候，当我们的零号指挥员在倒数秒的时候，我当时敬的是军礼，这个没有谁去规定这个时候要敬礼，你会自然而然地去敬军礼。从我那次开始以后每次发射,在倒数秒的时候,航天员都会敬礼。所以你看到航天员大队外边那么大一个牌子,上面写着祖国利益高于一切,实际上这个也是载人航天精神,或者说是爱国主义精神在这个领域的一个具体体现。国家的利益是超过一切的。无论是你遇到风险还是困难,都要坚持。现在邓清明坚持20年了,还没有飞行,他还是义无反顾地坚持。我们现在还有5个航天员停航了,他们为之而奋斗,因为他们把他最好的年华奉献给了这个事业,到最后没有飞行,应该说站到幕后默默地离开了这个队伍,那么这个时候也是一种奉献的精神。

所以我说载人航天精神支撑了所有航天人在这项工作上去努力,去克服困难,去面对风险。这种精神也激励大家取得了一次一次的辉煌。

中国网:今年是中国人民解放军航天员大队成立20周年。年初的时候你也曾透露,我国将进行第三批航天员的选拔,要面向科研机构,现在进展如何?

杨利伟:现在我们第三批航天员的选拔已经启动了,接近初选尾声了。初选的阶段,目前看来还比较顺利。

中国网:第三批选拔相比前两批,在训练的要求以及过程上做了哪些调整?

杨利伟:我们选拔这批航天员主要是为了下一步执行空间站任务。它的任务性质决定了我们这次选拔航天员的性质、内容,方向以及选拔对象都发生了一些变化。空间站是什么?它就是一个国家级的太空实验平台,它会长期在太空中飞行,这就需要有大量的物质供给,所以我们这次选拔不单单要选拔驾驶员,还要选拔工程师、载荷专家,就是刚才讲到的科学家。这样从选拔的类别上来讲发生了变化,从选拔的标准到将来的一些训练都会发生一系列的变化。

中国网:党的十九大报告将建设航天强国作为新时代建设现代化强国的重要目标之一。目前中国特色的载人航天事业实施情况如何?

杨利伟:讲中国特色,实际上我们刚才讲到了我们"三步走"的整个计划,它本身就具有我们中国的特色。我们国家改革开放带来的红利也是在这上面体现的，它非常具有中国特色。包括我们的路径、规划，包括我们按照这种系统工程的组织实施，都体现了中国特色这样一个特点。

中国网：目前我国载人航天工程开展了哪些国际合作？未来又有哪些宏伟目标？

杨利伟：载人航天，我个人认为国际合作是一个大的趋势，这就决定了我们国家在搞载人航天工程或者搞空间站的过程中也需要国际合作，而且目前来讲，我们已经和十几个国家进行了合作，有一些已经非常具有实质性。比如我们跟俄罗斯的合作，我们的很多技术不单是合作，也借鉴了很多先进的技术，包括德国的。我记得神舟八号我们的生物培养箱的搭载和法国的心血管的科学实验等设备，都在太空当中进行了飞行。

目前我们和俄罗斯ESA（欧洲航天局），包括法国、意大利，包括联合国外空委都进行了大量合作。国际合作这么多年，我们整个合作还是不错的，也取得了很多成果，这也是我们搞载人航天的宗旨：和平利用空间去造福人类。

从长远角度来讲，除了国际合作以外，将来我们不单单是近地空间，还有地月的，甚至更远的、深空的，这是我们目前正在做，或者是将来也要做的一件事情。下一步可能会考虑载人登月，或者是深空的、载人深空的探测，这是我们整个的载人航天发展的一个大的方向和趋势。

资料来源：中国网（http://fangtan.china.com.cn/2018-12/12/content_74266183.htm，2018-12-12）。

专题七　生涯决策

——我要如何选择？

【探究项目1】

决策风格探索

路边有一片桃园,假如你可以进去摘桃子,但只许前进不许后退,只能摘一次,要摘一个最大的,你会选择哪一种做法?_____(填字母),你决策风格是_____

A. 对视野内的桃子进行比较,形成一个大概的标准,再根据这个标准选择最大的。

B. "我感觉这个大",就摘这个了。

C. 去问桃园的人,让他告诉我什么样的最大。或者问旁边的人什么样的最大。

D. 先别管了,走到最后再说吧。

E. 稍微比较,迅速摘一个。

现在,请回想你迄今为止在人生中所做的三个重要决定,描述当时的情形。

问题	重要决定一	重要决定二	重要决定三
当时的目标或情境是什么?			
你所能做的选择是什么?			
你做了什么样的选择?			
你做出选择的依据是什么?			
现在的你对当时的选择有什么评价?			
综合分析,上述三个事件中的决策有什么共同之处?从中可以看出你在做决策时有什么特点? _____ _____			

决策风格类型：

A——理智型：强调综合收集信息、理智地思考和冷静地判断分析
B——直觉型：以自我判断为导向，在信息有限时能够快速做出决策，发现错误时能迅速改变决策
C——依赖型：倾向于采用他人建议与支援，往往不能承担自己做决策的责任
D——回避型：拖延不果断，倾向于不考虑未来的方向，不知道自己的目标，不思考，也不寻求帮助
E——自发型：选择的项目太多，无法取舍，精神处于挣扎状态，下不了决心，但往往这种状态的人能收集充分完整的信息

【探究项目 2】

决策平衡轮

第一步：画一个大圆，将其平均分为 8 份。列出 8 个自己在这个选择情境下最重要的价值标准（参考"价值观探索"中自己列出的价值观，也可以重新写），如可以分为财富、健康、家庭、事业、朋友、休闲娱乐、个人成长、自我实现 8 个方面，依次写在圆的外围。有几个选项就画几个圆，并等分写下同样的价值标准。

第二步：给选择一打分。如果圆心是 1 分，圆周代表 10 分，那么选择一在这 8 个方面的分数各是多少，用一弧线在 8 个扇形区域中表示出来，再将得分的部分用笔涂色。

第三步：用同样的方法给其他选择打分。

第四步：将完成后的平衡轮放在一起观察，感受一下每个选择在各方面的得分和布局，体会自己现在对于每一种选择的整体感受和心中的倾向。

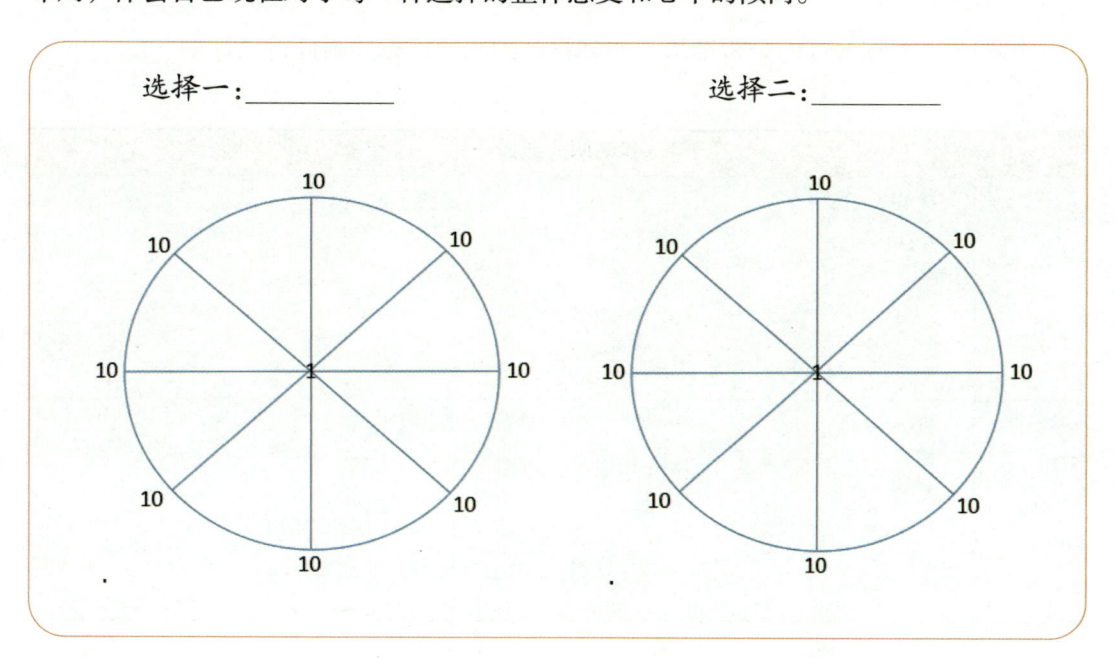

选择一：_____　　　　　　　　选择二：_____

【探究项目3】

SWOT 职业生涯决策

SWOT 决策分析法是应用广泛的战略分析工具：S 代表 Strength（优势），W 代表 Weakness（弱势），O 代表 Opportunity（机会），T 代表 Threat（威胁）。其中，S，W 是内部因素，O，T 是外部因素。

在职业生涯规划决策中做一个细致的 SWOT 分析，明确自己的优点和弱点，评估自己在不同职业道路上的机会和威胁是非常有必要的。下面，让我们一起来进行自我检验吧。

第一步：写出自己的职业选择，可以是短期、中期或长期目标。

第二步：评估自己的优势和劣势，结合兴趣、性格、能力、价值观等分析出自己的强项和弱项。

第三步：分析不同职业目标面临的外部机会和威胁。

第四步：根据最终的分析结果，明确自己的职业目标并制订行动计划。

	我的职业选择一	
内部	优势（S）： 1. 2. 3. 4. 5.	劣势（W）： 1. 2. 3. 4. 5.
外部	机会（O）： 1. 2. 3. 4. 5.	威胁（T）： 1. 2. 3. 4. 5.

续　表

我的职业选择二			
内部	优势（S）： 1. 2. 3. 4. 5. || 劣势（W）： 1. 2. 3. 4. 5.	
外部	机会（O）： 1. 2. 3. 4. 5. || 威胁（T）： 1. 2. 3. 4. 5.	

我的职业选择三			
内部	优势（S）： 1. 2. 3. 4. 5. || 劣势（W）： 1. 2. 3. 4. 5.	
外部	机会（O）： 1. 2. 3. 4. 5. || 威胁（T）： 1. 2. 3. 4. 5.	
总体鉴定（评估你制定的职业生涯发展目标）			

【阅读资料】

生涯决策 CASVE 循环

CASVE 循环就是一种职业生涯规划决策技术，包括沟通、分析、综合、评估和执行五个阶段。CASVE 就是这五个英文单词的首字母。它可以在整个职业生涯问题解决和决策制定过程中为你提供指导。这一循环如图所示。

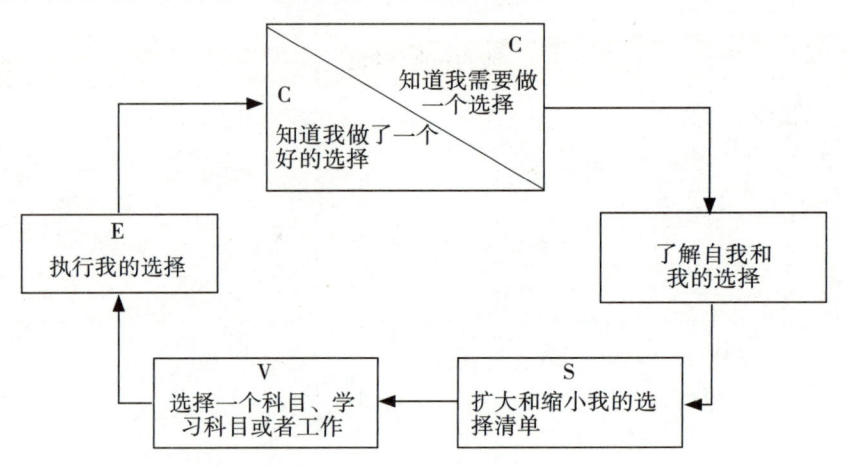

```
         C  知道我需要做
     C      一个选择
 知道我做了一个
   好的选择
                              
   E                     了解自我和
 执行我的选择              我的选择
                              
        V                 S
   选择一个科目、学    扩大和缩小我的选
   习科目或者工作      择清单
```

沟通（Communication）：在这个阶段，我们收到了关于职业理想与现实之间存在差距的信息。这些信息可能通过内部或外部交流途径传达给我们。内容沟通包括情绪信号，如不满、厌烦、焦虑和失望等，还有身体信号，如昏昏欲睡、头痛、胃部疾病等。外部沟通包括父母对你的职业规划的询问，同事、朋友对你的职业评价，或者是杂志上关于你的专业的文章。

这是意识到自己需要做出选择的阶段。在这个阶段，我们通过各种感官和思考充分接触问题，发觉存在的差距已不容忽视。

分析（Analysis）：在这个阶段，问题解决者需要花时间去思考、观察、研究，从而更充分地了解差距，了解自己有效地做出反应的能力。好的生涯决策者不会冲动行事来减轻在沟通阶段所体验的压力或痛苦，因为他们知道，这是无效的，甚至可能令问题恶化。他们要弄清楚，要解决这个问题需要了解自己的哪些方面，了解环境的哪些方面，需要做些什么才能解决问题，为什么自己有这样的感受，家庭会怎样看待自己的选择等问题。

这是了解自己和自己的各种选择的阶段。在这一阶段，生涯问题解决者通常会增加自我知识，不断了解职业世界和家庭需要。简单地说，分析阶段，生涯决策者应尽可能了解造成在第一阶段发现的差距的原因。

分析阶段还需要把各种因素和相关知识联系起来。例如，把自我知识和职业选择联系起来，把家庭和个人生活的需要融入职业选择。

综合（Synthesis）：这个阶段主要是综合和加工上一阶段提供的信息，从而制订消除差距的行动方案。其核心任务是，确定可以做什么来解决问题。

这是一个扩大并缩小选择清单的过程。首先，尽可能多地找到消除差距的方法，发散地思考每一种办法，甚至采用"头脑风暴"进行创造性思维。然后，减少有效方法的数量，通常缩减到3至5个，因为我们头脑中最有效的记忆和工作容量就是这个数目。

评估（Valuing）：将选择一个职业、工作或大学专业。

它的第一步是评估每一种选择对生涯决策者和他人的影响。例如选择了服兵役，这一选择将会给自己、伴侣、父母、孩子等重要他人带来什么影响？每一种选择都要从对自己和对他人的代价和益处两方面进行评价，并综合物质上和精神上的因素。

第二步是对综合阶段得出的选项进行排序。能够最好地消除差距的选项排在第一位，次好的排在第二位，依次类推。此时，生涯决策者会选出一个最佳选项，并且做出承诺去实施这一选择。

执行（Execution）：实施选择的阶段，把思考转化为行动。很多人都觉得在执行阶段制订行动计划是令人兴奋的和有价值的，因为他们终于可以开始采取积极行动去解决问题了。

再循环：CASVE循环是一个不断重复的过程。在执行阶段之后，生涯决策者又会回到沟通阶段，以确定已经选取的选择是不是最好的，是否能最有效地消除理想与现实间的差距。

【典例延展】

苏格拉底的麦田

古希腊有一位大学者，名叫苏格拉底。一天，他带领几个弟子来到一块麦地边。地里满是沉甸甸的麦穗。苏格拉底对弟子们说："你们要去地里挑一个最大的麦穗，只许进不许退，我在麦地的尽头等你们。"

弟子们听懂了老师的要求后，就走进了麦地。

地里到处都是大麦穗，哪一个才是最大的呢？弟子们埋头向前走。看看这一株，摇了摇头；看看那一株，又摇了摇头。他们总认为最大的那一株还在前面呢。虽然，弟子们也试着摘了几穗，但并不满意，便随手扔掉了。他们总以为机会还有很多，完全没有必要过早定夺。

弟子们一边低着头往前走，一边用心地挑挑拣拣，经过了很长一段时间。

突然，大家听到了苏格拉底苍老得如同洪钟一般的声音："你们已经到头了。"这时，两手空空的弟子们才如梦初醒，他们回头望了望麦垄，无数株小麦摇晃着脑袋，似乎在为他们惋惜。

苏格拉底对弟子们说："这块麦地里肯定有一穗是最大的，但你们未必能碰见它；即使碰见了，也未必能做出准确的判断。因此最大的一穗就是你们刚刚摘下的。"

苏格拉底的弟子们听了老师的话，悟出了这样一个道理：人的一生就仿佛在麦地中行走，也在寻找那最大的一穗。有的人见到了颗粒饱满的"麦穗"，就不失时机地摘下了它；有的人则东张西望，一再地错失良机。当然，追求应该是最大的，但把眼前的一穗拿在手中，这才是实实在在的。

专题八　生涯实践

——我要怎么行动？

08

【探究项目1】

我的简历我做主

假设你现在大四,准备找工作,你希望你的简历是怎样呈现的?

姓　名		性　别		出生年月	
籍　贯		民　族		政治面貌	
毕业院校		所学专业		毕业时间	
联系电话				E-mail	
英语水平				计算机水平	
求职意向					
兴趣/专长					
取得认证资格					
教育经历					
学生工作经历					
工作/实习经历					
奖励情况					
自我评价					

【探究项目 2】

我的职业生涯规划书

☞ 个人基本信息

学校：_____ 专业：_____ 年级：_____

姓名：_____ 性别：_____ 学号：_____

☞ 自我分析

项目	内容
职业兴趣	
个人特质	
职业能力	
职业价值观	
胜任能力	
个人经历 — 教育（培训）经历	
个人经历 — 工作（实习）经历	
自我分析小结	

☞ 职业分析

项目	内容
家庭环境分析	
学校环境分析	
社会环境分析	
职业环境分析	1. 行业分析 2. 职业分析 3. 地域分析
职业分析小结	

☞ 职业定位

个人职业发展内外部环境分析：

	优势（S）	劣势（W）
内部环境分析		
	机会（O）	威胁（T）
外部环境分析		

个人职业发展定位：

项目	内容
个人职业目标	
职业发展策略	
职业发展路径	

☞ 职业生涯规划实施计划

长期计划：

项目	内容
时间阶段	
主要目标	
细分目标	
主要行动	

中期计划：

项目	内容
时间阶段	
主要目标	
细分目标	
主要行动	

短期计划：

项目	内容
时间阶段	
主要目标	
细分目标	
主要行动	

☞ 评估调整与备选方案

职业生涯规划是一个动态的过程，需要根据外部环境及实施结果，对职业发展策略进行及时评估和修正。在发生何种情况时，个人都需要重新选择职业，需要调整发展方向，需要改变行动策略，需要改变个人职业发展的备选方案。

_____
_____
_____
_____

【探究项目3】

我的行动日历

年计划表：

To-Do List	January	February	March	April
	May	June	July	August
	September	October	November	December

月计划表：

To-Do List	Monday	Tuesday	Wednesday	Thursday	Friday	Saturday	Sunday

周计划表：

时间安排	Monday	Tuesday	Wednesday	Thursday	Friday	Saturday	Sunday
6:00—8:00							
第一节							
第二节							
第三节							
第四节							
第五节							
午休							
第六节							
第七节							
第八节							
第九节							
晚餐							
晚修一							
晚修二							
晚修三							
计划完成情况							
学习情况							
社会实践							
体育锻炼							

【阅读资料1】

目标设定的 SMART 原则

目标设定的 SMART 原则来源于管理师彼得·德鲁克的《管理的实践》，有五个基本的原则：

（1）目标必须是明确的（Specific）。
（2）目标必须是可以衡量的（Measurable）。
（3）目标必须是可以达到的（Attainable）。
（4）目标必须和其他目标具有相关性（Relevant）。
（5）目标必须具有明确的截止期限（Time-bound）。

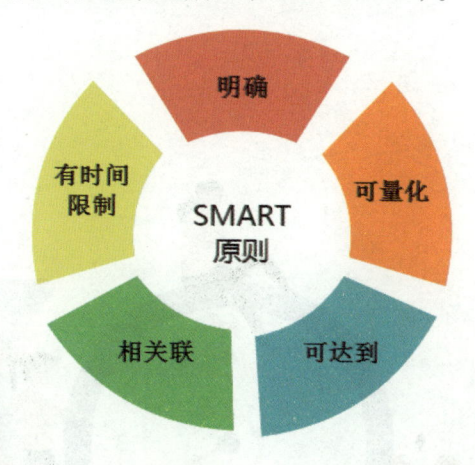

怎样具体明确 5W2H？

What——做什么？
Why——为何做？它和我的长远目标及价值观一致吗？
When——何时完成？
Who——除了自己，谁还可以帮助我？他们是否愿意帮助我？
Where——在哪里做？那里的环境如何？

How——如何做？分几个步骤和阶段？

How much——程度如何？用多少资源？这些资源从何处获得？

怎样能够衡量？

尽量用数字表示，不能用数字描述的要定义清晰，不可含糊其词。

怎样可以达到？

依据自身能力；依据内外部可用的资源；依据当前发展和未来可能的形势；区分阶段，逐步实施。

怎样平衡关联？

个人目标与所在单位、集体目标相联系，个人目标与家庭目标和期望相联系，长、中、短期目标相互联系，个人发展、经济事业、兴趣爱好、和谐关系四大目标系统平衡关联，目标之间彼此不冲突。

怎样设定期限？

设定达成目标的时间期限；在目标执行过程中，设定中间核查点；强调行动速度与反应时间；依据不同期限设定阶段性目标（年度、月份、周别、每日目标）。

【阅读资料 2】

时间管理的十一条金律

1. 要和自己的价值观相吻合

一定要确立个人的价值观,假如价值观不明确,你就很难知道什么对自己最重要。当你的价值观不明确时,你的时间分配一定不合理。时间管理的重点不在于管理时间,而在于分配时间。你永远没有时间做每件事,但你永远有时间做对自己来说最重要的事。

2. 设立明确的目标

成功等于目标,时间管理的目的是让自己在最短的时间内实现更多想要实现的目标;你必须把 4 到 10 个目标写出来,找出一个核心目标,并按重要性依次排列,然后依照你的目标设定一些详细的计划,你的关键就是依照计划进行。

3. 改变自己的想法

美国心理学之父威廉·詹姆斯对时间行为学的研究发现这样两种对待时间的态度:"这件工作必须完成,它实在讨厌,所以我能拖便尽量拖"和"这不是件令人愉快的工作,但它必须完成,所以我得马上动手,好让自己能早些摆脱它"。当你有了动机,迅速踏出第一步是很重要的。不要想立刻推翻自己的整个习惯,只需强迫自己立刻就去做你所拖延的某件事。然后,从明早开始,每天都从你的时间列表中选出最不想做的事情先做。

4. 遵循 20 比 80 定律

生活中肯定会有一些突发和迫不及待要解决的问题,如果你发现自己天天都在处理这些事情,那表示你的时间管理并不理想。成功者花最多时间在做最重要的事情上,而不是最紧急的事情上,然而一般人都是做紧急但不重要的事。

5. 安排"不被干扰"时间

每天至少要有半小时到一小时"不被干扰"的时间。假如你能有一个小时完全不受任何人干扰，把自己关在自己的空间里思考或者工作，这一个小时可以抵过你一天的工作效率，甚至有时候这一小时比你3天工作的效率还要高。

6. 严格规定完成期限

帕金森在其所著的《帕金森法则》中写下这样一段话："你有多少时间完成工作，工作就会自动变成需要那么多时间。"如果你有一整天的时间可以做某项工作，你就会花一天的时间去做它。而如果你只有一小时的时间可以做这项工作，你就会更迅速有效地在一小时内做完它。

7. 做好时间日志

你花了多少时间在做哪些事情，把它详细地记录下来，早上出门（包括洗漱、换衣、早餐等）花了多少时间，搭车花了多少时间，出去拜访客户花了多少时间……把每天花的时间——记录下来，你会清晰地发现浪费了哪些时间。这和记账是一个道理。当你找到浪费时间的根源，你才有办法改变。

8. 理解时间大于金钱

用你的金钱去换取别人的成功经验，一定要抓住一切机会向顶尖人士学习。仔细选择你接触的对象，因为这会节省你很多时间。假设与一个成功者在一起，他花了40年时间成功，你跟10个这样的人交往，你不是就浓缩了400年的经验吗？

9. 学会列清单

把自己要做的每一件事情都写下来，这样做首先能让你随时都明确自己的任务。不要轻信自己可以用脑子把每件事情都记住，而且当你看到自己长长的清单时，你会产生紧迫感。

10. 同一类事情最好一次把它做完

假如你在做纸上作业，那段时间就都做纸上作业；假如你是在思考，用一段时间只思考；打电话的话，最好把电话累积到某一时间一次打完。当你重复做一件事情时，你会熟能生巧，效率一定会提高。

11. 每一分每一秒做最有效率的事情

你必须思考一下要做好一份工作到底哪几件事情对你来说是最有效率的，列下来，分配时间把它们做好，始终直瞄靶心——绩效（晋升）。

【典例延展】

前进路上不怕任何艰难险阻

（张千千）

一件满是破洞的棉衣，一双无法覆盖双脚的布草鞋，静静地陈放在中国共产党历史展览馆中。

80多年前，一支衣着褴褛、装备简陋的队伍，像红飘带一样穿越了中国大地的险山恶水，冲破了敌人的围追堵截，完成了一次开创新局的伟大远征——长征。

双脚丈量大地，鲜血铸就河山。600余次战役战斗，跨越近百条江河，攀越40余座高山险峰，穿越茫茫草地……这是惊天动地的革命壮举，是中国共产党和红军谱写的壮丽史诗，是中华民族伟大复兴历史进程中的巍峨丰碑。中国共产党人和红军将士用生命和热血铸就的伟大长征精神，是长征留给我们最宝贵的精神财富。

2016年10月，习近平总书记在纪念红军长征胜利80周年大会上指出："伟大长征精神，是党和人民付出巨大代价、进行伟大斗争获得的宝贵精神财富，我们世世代代都要牢记伟大长征精神、学习伟大长征精神、弘扬伟大长征精神，使之成为我们党、我们国家、我们人民、我们军队、我们民族不断走向未来的强大精神动力。"

坚定理想信念

党岭山，高5000多米，红军长征翻越的雪山之一。

茫茫雪地之中，一只胳膊直直伸着，胳膊的主人却早已冻僵。掰开这名战士紧攥的拳头，一本党员证和一块银圆赫然出现在眼前。

"中共党员刘志海，1933年2月入党。"党员证宣示着他的身份，一块银圆成了他最后一次交的党费。

这是一段平均每300米就有一名红军牺牲的征途。湘江战役、强渡大渡河、飞夺泸定桥、爬雪山、过草地……鲜血铺就二万五千里,留下了"金色的鱼钩""七根火柴"等无数感人至深的故事。

风雨如磐的长征路上,是崇高的理想、坚定的信念激励和指引着红军一路向前。他们不怕艰难险阻甚至流血牺牲,捍卫着全国人民和中华民族的根本利益。

80多年来,伟大的长征精神从未湮灭。

从抗日战争到解放战争,从抗美援朝到抗震救灾,从脱贫攻坚到抗击新冠肺炎疫情……共产党人每每挺身而出,以大无畏的精神谱写了气壮山河的精神凯歌。

2019年,因为一次山洪,扶贫干部黄文秀的生命永远定格在了30岁。去世前3个月,她曾在朋友圈发布一条消息,纪念自己驻村满一年:"我心中的长征!"

在广西乐业县百坭村担任驻村第一书记的一年多时间里,黄文秀步履不停地为乡亲们奔走,带领88个家庭共418人脱贫。山路太远,为了提高工作效率,她将私家车开到村里当工作车用。驻村满一年那天,汽车的里程数正好增加了25000千米。

像黄文秀一样信念坚定、无怨无悔的奉献者不胜枚举。在脱贫攻坚征程中有1800多人牺牲;近代以来,为中国革命和建设事业献出宝贵生命的烈士,约有2000万——他们大多数是共产党员。

心中有信仰,脚下有力量。一代又一代共产党人怀揣坚定的理想信念,为实现中华民族伟大复兴团结一心、艰苦奋斗,彰显了不畏艰险、排除万难争取胜利的宝贵品格。

一切从实际出发

长征的过程,不仅是战胜敌人、赢得胜利、实现战略目标的过程,而且是联系实际、创新理论、探索革命道路的过程。

"三年不饮湘江水,十年不食湘江鱼。"从出发时的8.6万多人锐减到3

万多人，湘江战役给红军带来了惨重的损失。残酷的现实说明，博古、李德等人的错误指挥无法领导党和红军完成历史使命。

1935年1月，遵义会议召开，事实上确立了毛泽东在党中央和红军的领导地位，开启了党独立自主解决中国革命实际问题的新阶段。

在这之后，"四渡赤水出奇兵""调虎离山袭金沙"……同样一支红军，从被动挨打，到取得一个接一个的胜利，夺取战略转移的主动权，离不开共产党无所畏惧的伟大实践精神与浴火重生的伟大创造精神。党在血与火中蹚出了一条走向新生、走向胜利的革命道路。

百年来，在多少个路口，中国共产党用理论联系实际开辟出新的伟大道路。

1949年，中华人民共和国成立，彻底改变了近代以后100多年中国积贫积弱、受人欺凌的悲惨命运，中华民族走上了实现伟大复兴的壮阔道路；

1978年，党的十一届三中全会召开，实现了中华人民共和国成立以来党的历史上具有深远意义的伟大转折，开启了改革开放和社会主义现代化的伟大征程；

党的十八大以来，在以习近平同志为核心的党中央的坚强领导下，党和国家事业取得了历史性成就，发生了历史性变革，中国特色社会主义迈入新时代；

……

艰难困苦，玉汝于成。

"中国共产党坚持一切从实际出发，带领中国人民探索出中国特色社会主义道路。"中共中央总书记、国家主席习近平2021年7月6日在中国共产党与世界政党领导人峰会上指出："历史和实践已经并将进一步证明，这条道路，不仅走得对、走得通，而且也一定能够走得稳、走得好。我们将坚定不移沿着这条光明大道走下去，既发展自身又造福世界。"

同人民群众生死相依

"为什么我们家没有门？"

"门板被你爷爷拆下来给红军搭桥了。"

这是红军后人刘光沛幼年时与母亲的对话。红军长征出发时，江西省于都县百姓主动送来门板、床板，甚至寿材，几乎家中所有可用的木料都用来搭设浮桥了。通过8个主要渡口、5座浮桥，红军渡过于都河，踏上了漫漫征途。

红军打胜仗，人民是靠山。人民群众为什么靠得住？

"红军来了，肚子能吃饱。"瑞金市云石山乡的老百姓说，红军"打土豪、分田地"，还帮忙解决生活困难；

毛泽东带领红军战士挖了一口井，解决了沙洲坝老百姓喝水问题，老百姓给这口井起了个名字——"红井"；

3名女红军借宿湖南汝城县徐解秀老人家，临走时，把自己仅有的一床被子剪下一半给老人留下了；

……

以真心对待人民，人民也会还以真心。千百万真心实意拥护革命的群众，才是真正的铜墙铁壁。

中国人民大学习近平新时代中国特色社会主义思想研究院副院长王义桅说，中国共产党始终代表最广大人民的根本利益，没有任何自己特殊的利益，始终全心全意为人民服务，因此也必然能得到广大人民的衷心拥护。

回望中国共产党的百年历史，就是一部践行党的初心使命的历史，一部为了人民、造福人民的历史。

脱贫攻坚战取得全面胜利，小康社会在中华大地上全面建成，面对突如其来的新冠肺炎疫情，全国3900多万名党员、干部战斗在抗疫一线，近400名党员、干部为保卫人民生命健康献出了宝贵生命……

中国共产党的根基在人民、血脉在人民、力量在人民。百年来，我们党一切为了人民、一切依靠人民，为人民过上更加美好生活而矢志奋斗的精神品格从未改变。一路走来，党也依靠人民战胜了无数艰难险阻，创造了众多人间奇迹。

以史鉴今，砥砺前行。站在历史的交汇点，中国共产党团结带领中国人民又踏上了实现第二个百年奋斗目标新的"赶考"之路。前路光明，共产党人必将牢记初心使命，坚定理想信念，传承长征精神，中华民族必将以不可阻挡的步伐迈向伟大复兴。

资料来源：共产党员网。

附 录

_____的生涯管理档案

☞ 你如何描述自己

（1）你的霍兰德类型：_____

霍兰德职业兴趣类型符合你自身情况的描述：

_____
_____
_____
_____

（2）你的 MBTI 偏好类型：_____

请根据你的 MBTI 测试，以及测试对你的 MBTI 类型描述，写下最能描述你自己的语句。

_____
_____
_____
_____
_____

☞ 职业清单

（1）你的霍兰德类型建议你考虑的职业。

根据你的兴趣探索结果，列出与你的霍兰德类型相对应（或近似）的职业，并标出每种职业的霍兰德代码。

序号	职业	霍兰德代码（三个字母）
1		
2		
3		
4		
5		
6		
7		
8		
9		
10		

这些职业有何共通之处？请根据自己的兴趣探索思考，什么样的职业能使你感到满意？

_____

_____

（2）你的MBTI类型所建议的职业。

根据你的MBTI类型偏好，从列出的职业中挑选出你感兴趣的职业。

序号	职业	序号	职业
1		6	
2		7	
3		8	
4		9	
5		10	

这些职业有什么共通之处吗？请根据自己的MBTI类型思考，什么样的职业能使你感到满意？

_____

专题八 生涯实践——我要怎么行动？

☞ 将你的清单上的职业进行分类和进一步探索

对于你在前一页里所列出的每一个职业进行分类，并把它们填在相应的横线上。比如，若医生这个职业在你的兴趣列表和 MBTI 列表中都出现了，就将它列在第一类中。在第四类中，列出的那些你特别感兴趣但在前面未曾出现过的职业。

第一类：很有可能。
在兴趣和个性探索中都曾出现过的职业：
_____

（注意：这些职业都值得你去深入探索。你的职业探索最好首先集中在这些职业上。了解这些职业的要求和工作环境等细节。根据目前你对自己的兴趣和个性的了解，考虑一下你将如何从事这份工作。）

第二类：比较有可能。
在兴趣或个性探索中曾出现过一次的职业：
_____

（注意：这些职业也有比较大的可能性，供你进行下一步探索。）

第三类：有些可能。
根据你的兴趣和个性探索，符合你一方面的情况却与你另一方面的情况有冲突的职业：
_____

（注意：考虑一下，如果你从事这些职业，会出现什么情况？是否会有矛盾冲突？如何解决？）

第四类：其他的职业。
在兴趣和个性探索中都未曾出现且与之没有共同点，但你感兴趣的职业：
_____

（注意：这些职业的可能性通常不是很大。问问自己：为什么会对它感兴趣？兴趣是出于什么样的动机？想想你的目标和信念是否与这些工作匹配。）

☞ **你的价值观**

写出你最重要的五项价值观，并请具体说明它们的含义。

序号	价值观	具体含义
1		
2		
3		
4		
5		

☞ **你的能力**

找出你最擅长并愿意在未来的职业中运用的技能。

你最重要的五项专业技能（名词）	1. 2. 3. 4. 5.
你最重要的五项可迁移技能（动词）	1. 2. 3. 4. 5.
你最重要的五项自我管理技能（形容词）	1. 2. 3. 4. 5.

☞ 继续探索的职业清单

重新阅读你在前面所列出的所有技能，根据你对自己的了解，结合你的价值观和技能，在下面空白处列出那些你想继续探索的职业（可能是上面出现过的，也可以是未曾出现但符合上面共同特点的职业）。

（注意：在选择你想继续探索的职业时，请不要在未对它有任何了解前就轻易地将它排除。在这张清单上，你需要有足够的职业供你自己探索，但也要有一定的目标。也就是说，最好不要少于 5 个，不多于 10 个。将你的精力集中在下面的这些职业上。）

作为职业探索的一部分，下一步我打算：

□ 收集、研究与特定领域的职业有关的书面信息
□ 采访有关人士，对我感兴趣的职业领域做进一步的了解
□ 从职业咨询老师或其他老师那里寻求更多的个人帮助
□ 通过选修课程来检验自己对某一相关职业领域的兴趣
□ 通过参加社团活动来检验自己对某一相关职业领域的兴趣
□ 通过业余兼职、实习或做志愿者等方式来检验自己对某一相关职业领域的兴趣
□ （其他）＿＿＿＿＿＿＿＿＿＿＿＿＿＿＿＿＿＿＿＿＿＿＿＿＿＿＿＿

☞ 目标设立与行动计划

（1）我的长期目标：＿＿＿＿＿＿＿＿＿＿＿＿＿＿＿＿＿＿＿＿＿＿

（2）要实现职业目标，我还需要以下信息和帮助：

＿＿＿＿＿＿＿＿＿＿＿＿＿＿＿＿＿＿＿＿＿＿＿＿＿＿＿＿＿＿＿＿
＿＿＿＿＿＿＿＿＿＿＿＿＿＿＿＿＿＿＿＿＿＿＿＿＿＿＿＿＿＿＿＿

（3）为了实现这一目标，在接下来一个月的时间里我需要做的是：

＿＿＿＿＿＿＿＿＿＿＿＿＿＿＿＿＿＿＿＿＿＿＿＿＿＿＿＿＿＿＿＿
＿＿＿＿＿＿＿＿＿＿＿＿＿＿＿＿＿＿＿＿＿＿＿＿＿＿＿＿＿＿＿＿

资料来源：钟谷兰，杨开. 大学生职业生涯发展与规划 [M]. 2 版. 上海：华东师范大学出版社，2016：184—189.